W9-BIC-392

|H|A|C|K|E|R|S|

TOEFL

SPEAKING

해커스 어학연구소

Hackers TOEFL Speaking (iBT Edition)

초판 1쇄 발행 2006년 .6월 5일
초판 6쇄 발행 2010년 10월 1일

저자 David Cho 언어학 박사/ 前 UCLA 교수
펴낸곳 (주)해커스 어학연구소
펴낸이 해커스 어학연구소 출판팀
주소 서울시 서초구 서초동 1316-15 해커스 교육그룹
전화 02-566-0001
팩스 02-563-0622
홈페이지 www.goHackers.com
등록번호 978-89-90700-25-4 18740
정가 23,900원

저작권자 ⓒ 2006, David Cho
이 책 및 TAPE 내용의 저작권은 저자에게 있습니다.
서면에 의한 저자와 출판사의 허락없이 내용의 일부 혹은 전부를
인용하거나 발췌하는 것을 금합니다.

COPYRIGHT ⓒ 2006 by David Cho
All rights reserved including the rights of reproduction
in whole or part in any form.
Printed in KOREA
Serial Number: 01-06-01

토플이 단순히 시험준비뿐 아닌 실제의 영어실력 향상을 통해 사회에 공헌을 한다는 마음으로 집필을 시작했던 해커스 토플 시리즈가 이제는 10권이 넘어섰습니다. 이 모든 학습교재가 모든 서점의 토플학습분야에서 1위~10위를 점하며 베스트셀러를 넘어 스테디셀러로 당당히 입지를 굳히고 있음은 해커스 토플 교재에 내재하는 교육철학의 방향이 옳음을 증명하기에 기쁩니다.

또한, 해커스 가족들과 함께한 초기의 작은 정보나눔터 goHackers.com은 엄청난 속도로 발전하는 인터넷 시대를 선도하는 최고의 사이트로 자리매김 하고 있습니다. 이러한 해커스의 발전은 시간의 흐름에 의해 저절로 이루어졌거나 한 순간의 우연이 아닌, 수많은 해커스 가족들이 잠 못 이루고 흘린 땀과 눈물의 결실이기에 더더욱 뿌듯하고 자랑스럽게 생각됩니다.

'원리와 공식'으로 대표되는 해커스 토플 그래머나, '논리적 사고 발달을 위한 토론식 독해서'인 해커스 토플 리딩을 비롯한 해커스 토플 시리즈로 학습한 많은 분들이 원하는 점수를 획득했을 뿐 아니라, 실제 유학생활의 실력으로도 이어져 도움을 받았다고 합니다. 시험성적 상승을 위한 단순 수험서가 아닌 제대로 된 영어학습의 고전서를 세상에 선보이겠다는 꿈을 가지고 해커스를 일궈 온 것이 제대로 검증받고 있다는 생각입니다.

iBT토플에서는 기존의 문법(Structure)섹션이 폐지되고 Speaking 섹션이 추가됨과 더불어 여러 영역을 통합적으로 평가하여 기존 시험의 부족한 점을 보완하고 있습니다. 기존에 실행되던 CBT 토플시험에는 언어의 4영역인 Reading, Listening, Writing, Speaking 중 Speaking, 즉 말하기 영역을 평가하는 부분이 빠져 있어 안타깝던 차에 이러한 변화에 발맞추어 오랜 기간 과학적이고 심층적인 분석을 통해 기존 CBT 해커스 시리즈들을 언어학습을 위해 더욱 통합적이며 효율적인 방향으로 업그레이드 하였습니다.

특히 해커스 iBT 토플 스피킹은 최신 토플 경향의 실전 문제들을 최다 수록하고 있으며, 핵심적인 스피킹 전략을 제시함으로써 고득점 달성과 실제 말하기 실력의 향상을 동시에 얻을 수 있도록 하였습니다. 또한 각 문제유형을 단계별로 학습할 수 있도록 체계적 구성을 갖추고 있으며, 실제 대학 생활에서 접할 수 있는 강의와 대화 주제들을 다양하게 다루어 학습자들이 이 책 한 권으로 완벽하게 실전을 대비할 뿐 아니라 유학생활에 도움이 되도록 하였습니다.

오랜 연구와 시도로 새로운 갑옷을 두른 또 하나의 고전 해커스 토플 iBT 스피킹 책이 여러분이 낯설어할지도 모를 새로운 시험의 확실한 해결책이 되어 주리라 믿으며, 나아가 여러분이 꿈을 이루어나가는 길에 밝은 빛과 길잡이가 되기를 기원합니다.

David Cho

CONTENTS

Independent Section

Integrated Section

iBT TOEFL이란?

토플 출제기관인 ETS에서는 2005년 9월부터 미국을 시작으로 차세대 토플 (Next Generation TOEFL)인 iBT TOEFL (Internet-based test)을 시행하고 있다. iBT TOEFL이란 인터넷을 통해 실시되는 시험으로 유학생들이 토플 시험에서 고득점을 얻음에도 불구하고 실제 미국 대학 생활에서 영어 구사 능력이 떨어진다는 기존 테스트의 문제점을 보완하고자 한 것이다.

iBT TOEFL의 특징

1. 문법영역이 사라지고 말하기 영역이 평가된다.
듣기(Listening), 말하기(Speaking), 읽기(Reading), 쓰기(Writing)의 네 개 영역이 두루 평가 됨에 따라 문법 (Structure)영역이 없어지고 기존에 없었던 말하기(Speaking) 영역이 새로 추가되었다.

2. 통합 평가 영역이 출제된다.
iBT TOEFL에서는 듣기(Listening), 말하기(Speaking), 읽기(Reading), 쓰기(Writing) 각 영역의 한 가지 능력만을 평가하는 유형의 문제 외에 '읽고 들은 후 질문에 대한 답변 말하기', '들은 후 질문에 대한 답변 말하기', '읽고 들은 후 질문에 대한 답을 글로 쓰기' 와 같은 신개념의 통합형 문제가 출제된다.

3. Note-taking이 허용된다.
네 개 시험영역 모두 시험 도중 Note-taking을 허용하고 있어, 문제를 풀 때 Note-taking 내용을 참고 할 수 있다. 단, Note-taking 용지는 시험이 끝나면 모두 수거된다.

4. 온라인 성적 확인이 가능하며 성적표에 실력평가와 피드백 항목이 주어진다.
시험일로부터 15일(주말, 공휴일 제외)이 지나면 온라인 상에서 본인의 성적을 확인할 수 있다. 이때 iBT TOEFL 성적표에는 총점과 함께 각 영역별 수험자의 실력 정도가 표시되며, 시험 성적에 근거하여 수험자가 실제로 어느 정도의 영어를 구사할 수 있는가에 대한 설명이 함께 주어진다.

5. CAT(Computer Adaptive Test) 출제방식이 아니다.
응시자의 실력에 따라 난이도가 컴퓨터상에서 조절되어 출제되는 CAT(Computer Adaptive Test)방식이 아니라, 정해진 문제들이 일정한 조합에 따라 출제된다. 따라서 기존 CAT 방식에서 가졌던 시험초반 문제를 반드시 잘 맞추어야 고득점을 얻는다는 부담감이 없다.

iBT TOEFL의 구성

시험영역	출제 지문 및 문항 수	시험 시간	점수 범위	iBT TOEFL상의 변화 및 특징
Reading	• 3-5개 지문 출제 • 1지문당 길이: 700단어 • 각각 12-14문항 출제	60-100분	0 - 30	• 지문 길이가 길어졌으며, 다양한 구조(multiple-focus)의 지문이 출제됨. • 문장 간략화하기(sentence simplification), 전체 요약문 완성하기(summary), 정보를 분류하여 표의 빈 칸 채우기(category chart) 문제 추가.
Listening	• 2-3개 대화 출제 • 1대화당 길이: 3분 • 각각 5문항 출제 • 4-6개 강의 출제 • 1강의당 길이: 3-5분 • 각각 6문항 출제	60-90분	0 - 30	• 대화 및 강의의 길이가 길어지고, 실제 상황에 더욱 가까워짐. • 들으면서 Note-taking하는 것이 허용됨. • 화자의 태도, 목적 및 동기를 묻는 문제 추가. • 미국 이외의 영어권 국가 네이티브의 발음 도입.
휴식	10분			
Speaking	2개 독립 문제 (independent tasks) 4개 통합 문제 (integrated tasks)	20분 준비시간: 15~30초 답변시간: 45~60초	0 - 4점 (총점은 0 - 30점)	• 독립형 문제(1-2번) 익숙한 주제에 대해 의견 말하기 • 통합형 문제(3-6번) 읽고 들은 내용에 기초하여 말하기
Writing	1개 통합 문제 (integrated task) 1개 독립 문제 (independent task)	20분 30분	0 - 5점 (총점은 0 - 30점)	• 통합형 문제가 추가됨. • 반드시 타이핑 해야 함.

시험소요시간	약 4시간
총점	120점
진행순서	읽기(Reading), 듣기(Listening), 말하기(Speaking), 쓰기(Writing) 순으로 진행
실시일	시험은 1년에 30-40회 정도 실시되며, 각 나라와 지역별로 시험일의 차이가 있음
시험장소	시험은 전용 컴퓨터 단말기가 마련된 ETS의 Test center에서 치러짐
접수 방법	• 인터넷 접수 시험응시일로부터 최소 7일 전까지 인터넷 상에서 등록. 신용 카드 및 전자 수표로 결제 가능. 상시 등록 가능. 등록 확인 e-mail 발송됨. (www.etskorea.or.kr) • 전화 접수 시험응시일로부터 최소 7일 전까지 전화로 등록. 신용카드가 필요하며 접수 번호(registration number), 시험 일자, 리포팅 횟수, 시험장 주소를 전화상에서 알려줌. (Tel. 82-2-3211-1233) • 우편 접수 iBT TOEFL Bulletin에 있는 등록 신청서(registration form)을 작성하여, 지불 결제 수단(수표 및 우편환만 허용, 현금을 보내면 추가 비용이 있음)과 함께 우편으로 시험응시일로부터 최소 4주 전까지 등록. (주소: 서울시 마포구 염리동 168-15번지 한미 교육 위원단, 프로메트릭 풀브라이트 빌딩 121-874)
시험 비용	• iBT TOEFL 시험 비용: US $170 • 시험 일자 조정 비용: US $60 • 취소한 성적 복원 신청 비용: US $20 • 추가 리포팅 비용: US $17 (1 대학 당)
지불 수단	• 신용카드 • 전자 수표(e-check) (미국 구좌 소지자에 한함.) • 미국 달러 수표를 비롯한 기타 통용 수표 • 우편환
시험 등록 취소	• 등록 센터를 직접 방문하거나 웹사이트에 접속하여 등록을 취소, 우편이나 E-mail로는 불가능. • 시험일로부터 최소 4일 전까지 등록을 취소해야 $85를 환불 받을 수 있음.
시험 당일 주의사항	• 반드시 공인된 신분증(여권, 운전 면허증, 주민등록증, 군인 신분증) 원본 지참. • 접수 번호(Registration Number) 지참.
시험 관련 절차	• 각 영역에서 최소 한 개 이상의 질문에 답해야 공식 성적표가 발송됨. • 10분간의 휴식 시간이 주어지며, 주어진 시간 초과시 퇴장 당하거나 성적이 취소될 수 있음.
성적 및 리포팅	• 시험 응시일로부터 15일(주말, 공휴일 제외) 후에는 온라인 상에서 성적 확인가능. • 시험일 자동적으로 4개 기관까지 성적 리포팅 가능. 시험 응시일로부터 15일 후 응시자와 리포팅 장소로 성적이 발송되며 소요일은 7~10일 정도. • 성적표의 유효기간은 2년. • 시험이 끝날 때 성적을 취소할 수가 있으며 만약 취소한 성적을 다시 받아보고자 한다면 시험 응시일로부터 10일 이내로 주최기관측에 연락을 취해야 함. • 추가로 리포팅을 하고자 할 때에는 www.ets.org/toefl로 접속하여, 토플 성적 리포팅 신청서(TOEFL Score Report Request Form)을 작성하면 됨.

* www.goHackers.com의 토플길라잡이를 참고하시면 그때 그때 업데이트 되는 iBT TOEFL관련 정보를 얻을 수 있으며, 각종 시험 접수와 결과확인 등 관련 링크가 정리되어 편하게 이용할 수 있습니다.

iBT와 CBT의 비교

	iBT	CBT
시험 영역	Listening Speaking Reading Writing	Listening Structure (Grammar) Reading Writing
시험 시간	4 시간	3.5 시간
Note-taking	허용됨	허용 안됨
Computer 적응 방식	CAT 방식이 아님	CAT 방식
총 점수 범위	0 - 120	0 - 300

iBT와 CBT의 점수비교

iBT Total	CBT Total	iBT Total	CBT Total	iBT Total	CBT Total
120	300	86–87	227	53	153
120	297	84–85	223	52	150
119	293	83	220	51	147
118	290	81–82	217	49–50	143
117	287	79–80	213	48	140
116	283	77–78	210	47	137
114–115	280	76	207	45–46	133
113	277	74–75	203	44	130
111–112	273	72–73	200	43	127
110	270	71	197	41–42	123
109	267	69–70	193	40	120
106–108	263	68	190	39	117
105	260	66–67	187	38	113
103–104	257	65	183	36–37	110
101–102	253	64	180	35	107
100	250	62–63	177	34	103
98–99	247	61	173	33	100
96–97	243	59–60	170	32	97
94–95	240	58	167	30–31	93
92–93	237	57	163	29	90
90–91	233	56	160	28	87
88–89	230	54–55	157	26–27	83

iBT Speaking

TOEFL시험에 처음으로 등장한 Speaking 섹션은 영어를 사용하는 국가에서 공부할 때 필수적인 말하기 능력을 평가하기 위해 토플 출제기관인 ETS에서 혁신적으로 도입한 영역이다. 따라서, 수험자들은 Speaking 섹션에 대비하는 과정을 통해 iBT TOEFL의 고득점 달성뿐만 아니라, 실제 해외대학 진학 후의 환경에도 효과적으로 적응할 수 있는 능력을 갖게 될 것이다.

iBT Speaking의 목적

iBT Speaking 영역은 수험자가 교육환경에서 효과적으로 영어로 대화할 수 있는지 여부를 측정한다. 수험자는 교실 안팎에서 자신감을 가지고 대화할 수 있어야 한다.

학생들이 교실 안에서
- 질문에 답할 수 있고,
- 다른 학생들과 학술 논의를 할 수 있으며,
- 강의 내용과 교과서에서 읽은 내용을 통합, 요약할 수 있고,
- 논의 중인 주제에 대한 자신의 견해를 표현할 수 있는지를 측정한다.

또한 학생들이 교실 밖에서
- 일상 대화에 참여하고,
- 자신의 의견을 표현하며,
- 서점, 도서관, 기숙사 등에서 대화할 수 있는지를 측정한다.

iBT Speaking의 구성

· 말하기 시험은 약 20분 동안 진행되며, 총 6개의 문제에 답하게 된다.
· 처음 두 문항은 독립적 언어구사능력을 평가하는 것으로, 수험자에게 친근한 주제에 대하여 말할 것을 요구한다.
· 나머지 네 문항은 통합적 언어구사능력을 평가하는 것으로, 응답시 한 가지 이상의 영어능력이 요구된다. 수험자는 몇몇 짧은 자료를 읽거나 들은 후, 말로 답해야 한다. Speaking 영역에서는 노트가 가능하며, 노트한 것을 사용해서 응답할 수 있다. 질문에 답하기 위해서는 읽고 들은 정보를 통합, 연관시켜야 한다.

iBT Speaking 유형 분석

		문제유형	유형분석	소요시간
독 립 형	말하기	**1 개인적 선호문제** 의견 말하기	• 개인적으로 중요하다고 생각하는 사람, 장소, 물건, 사건 등 주어진 범주 안에서 개인적인 선호를 표현하는 유형	준비 시간 15초 응답 시간 45초
		2 선택문제 의견 말하기	• 질문에서 제시된 두 가지 대비되는 행동 중 개인적으로 선호하는 한 가지를 선택하여 이유를 설명하는 유형	준비 시간 15초 응답 시간 45초
통 합 형	읽기 ↓ 듣기 ↓ 말하기	**3 캠퍼스 상황 주제** 요약하여 말하기	• Reading 캠퍼스와 관련된 주제 (75-100단어, 45초) • Listening Reading에서 이미 다룬 이슈에 대한 의견을 진술 (150-180 단어, 60-80초) • Speaking Reading을 토대로 Listening의 화자의 의견을 요약하는 문제가 출제	준비 시간 30초 응답 시간 60초
		4 학술적 주제 요약하여 말하기	• Reading 학술적 주제의 용어, 절차, 개념 등을 정의 (75-100 단어, 45초) • Listening 강의의 일부분으로, Reading에서 읽은 학술적 주제의 용어, 절차, 개념 등을 구체적인 정보와 예를 들어 설명 (150-220 단어, 60-90초) • Speaking Reading과 Lecture의 중요한 정보를 통합하여 표현하는 문제가 출제	준비 시간 30초 응답 시간 60초
	듣기 ↓ 말하기	**5 캠퍼스 상황 주제** 요약 후 의견 말하기	• Listening 학생들의 문제상황과 그에 대한 두 가지 해결책이 대화에서 제시 (180-220단어, 60-90초) • Speaking 수험자가 문제상황을 제대로 이해했는지를 확인하는 문제가 출제되고, 문제 해결책에 대한 수험자의 의견을 묻는 문제가 출제	준비 시간 20초 응답 시간 60초
		6 학술적 주제 요약하여 말하기	• Listening 강의의 일부분으로, 구체적인 예를 들어 용어나 개념을 설명 (230-280단어, 90-120초) • Speaking 강의를 요약하고 강의의 주제와 주어진 예의 연관성을 묻는 문제가 출제	준비 시간 20초 응답 시간 60초
				총 20분

iBT Speaking 점수 평가요소

시험관들은 수험자의 주제 전개능력, 전달능력, 그리고 언어 사용능력을 평가한다. 주제 전개능력에서 시험관들은 수험자가 주제를 언급하고 관련된 정보를 제시하였는지를 평가한다. 또한 시험관들은 수험자들이 통합형 유형 문제에서 정보를 효과적으로 종합하여 요약하였는지를 살핀다. 이때 응답내용의 전달이 명백하고 자연스러운지, 문장 전체에 걸쳐 의견이 일관적인지를 평가한다. 마지막으로, 시험관들은 수험자의 어휘와 문법의 정확성을 평가한다.

점수	독립형 문제	
	내용전개능력	**언어사용능력**
4	• 실수가 거의 없고 질문의 요구사항을 만족시킴 • 응답이 질문에 적합하고 조리 있음 • 일관된 전개를 보이며, 논리가 명백함	• 어휘와 문법을 효과적으로 사용함 • 단문과 복문을 자연스럽게 사용함 • 흐름이 부드럽고, 발음과 억양에 다소 어려움이 있어도 내용 전달에 영향을 미치지 않음
3	• 전반적으로 이해하기 쉽지만 주제 전달에 있어 눈에 띄는 실수를 함 • 전개가 일관되지 않고 부연설명이 부족함 • 위의 사항들이 의미 전달에 영향을 미치지 않음	• 다소 부정확한 어휘나 문법을 사용하거나, 문장구조와 언어 사용이 제한적임 • 말하는 속도, 억양, 발음에 실수가 있어 채점자의 세심한 주의를 요구함
2	• 주제와 관련은 있지만 세부근거가 적고 내용전개가 허술함 • 주장간의 연결성이 불명확하고 관련자료가 애매하거나 반복적임	• 어휘와 문법의 한계 때문에 주제의 흐름을 표현할 수 없음 • 대체로 이해가 가능하지만 발음과 억양이 불명확하고, 말의 속도와 리듬이 끊김
1	• 논리가 없으며 일관성이 떨어져 이해하기 어려움 • 주제를 이어가지 못하고 같은 표현들을 반복함	• 발음, 강세, 억양에 문제가 있고, 답변이 짧고 계속 끊기거나 주저함 • 어휘와 문법이 주제표현에 방해됨 • 사전에 연습하였거나 상투적인 표현들에 의존함

응답 하려는 노력을 하지 않거나 응답이 주제와 관련이 없는 경우

점수	통합형 문제	
	내용전개능력	**언어사용능력**
4	• 일관되고 조리 있는 설명으로 이해가 쉬움 • 부분적으로 말의 속도가 달라지지만 전반적으로 내용이 명료함 • 요구된 주제를 정확히 전달하고, 관련된 정보를 나타냄	• 발음과 억양에 어려움이나 실수가 거의 없음 • 사소한 실수가 있더라도, 적절한 단어와 다양한 문법을 사용하여 관련된 주제를 효과적으로 표현함
3	• 질문에 적절하게 응답할 수 있지만 완전하지 않음 • 대부분 내용이 일관적이고 질문에 관련된 생각이나 정보를 표현함	• 문법과 어휘를 효과적으로 사용하며, 주제에 일관된 전개를 보임 • 제한된 어휘와 문법의 사용이 심각한 문제가 안됨 • 전반적으로 표현이 부드럽고 명확하지만, 속도, 억양, 발음의 미미한 실수로, 간혹 듣기에 방해됨
2	• 응답이 획일화되고 적절하지 못함 • 질문과 연관되지만, 적절한 정보가 결여되거나 부적절한 정보를 제시함 • 주제에 대한 이해가 부족하여 중심문장을 언급하지 않음	• 짧은 문구만 자연스럽게 구사함 • 생각을 조리 있게 설명하지 못하고 매우 일상적인 단어들로만 표현함 • 전달력의 부족으로 가끔 의미가 모호해짐
1	• 이해가 매우 어렵고 논리가 없으며 일관성이 떨어짐 • 관련된 내용을 언급하지 못함 • 내용이 종종 부정확하고, 애매하게 표현함	• 짧은 표현이나 몇몇 단어에만 의존함 • 지속적으로 발음, 강세, 억양에 문제가 있어, 의미가 모호함

응답 하려는 노력을 하지 않거나 응답이 주제와 관련이 없는 경우

iBT Speaking 점수 환산법

모든 Speaking 문제들의 답은 디지털 방식으로 녹음(기록)되어 ETS의 Online Scoring Network로 보내진다. 수험자의 응답은 점수의 신뢰성을 위해 최소 3명의 시험관에 의해 채점된다. 응답은 0-4의 점수로 기록되고, 6문제의 평균은 0-30의 점수로 환산된다.

아래의 표는 Speaking Test 6개 문항의 평균 점수를 환산한 것이다.

Speaking 평균 점수	환산된 점수
4.00	30
3.83	29
3.66	28
3.50	27
3.33	26
3.16	24
3.00	23
2.83	22
2.66	20
2.50	19
2.33	18
2.16	17
2.00	15
1.83	14
1.66	13
1.50	11
1.33	10
1.16	9
1.00	8
	6
	5
	4
	3
	2
	1
	0

What to Practice First

1. Fluency를 기른다

먼저 영어로 말하는데 익숙해져야 한다. 일상적이고 친숙한 주제를 리스트로 만들어 생각나는 대로 끊임없이 말해보는 습관을 기른다.

2. 문장구조와 표현을 익힌다

영어의 기본적인 문장구조를 익히고 어휘와 관용구 등을 자연스럽게 사용할 수 있어야 한다. 적절한 연결어와 표현들을 사용하여 사고를 전개해 나갈 때 좀더 쉽고 명료하게 자신의 생각을 전달할 수 있다. 이 책에 수록된 유형별 · 주제별 표현을 CD를 통해 반복 학습하여 자연스럽게 습득한다.

3. 청취력을 기른다

통합형 문제는 말하기만큼이나 듣기 실력이 크게 좌우되는 유형이다. 따라서 토플 Listening 교재나 기타 영어 듣기 자료를 이용하여 비교적 긴 대화나 강의를 듣고 이해하는 능력을 키운다. 이때 화자들의 다양한 영어권 발음이나 억양에도 익숙해지는 것이 중요하다.

4. TOEFL이 선호하는 주제들과 친숙해진다

전혀 모르거나 생각해본 적이 없는 문제에 대답하는 것은 무척 어려운 일이다. 이에 대비해 TOEFL이 선호하는 주제를 배경지식으로 공부해 볼 수 있다. 특히 독립형 문제는 토플 Writing 교재의 문제들로 연습해 볼 수 있으며, 통합형 문제는 학술적인 상식을 늘림으로써 대비할 수 있다.

5. 노트를 이용한 요약능력을 기른다

100-200자 정도의 짧은 글을 읽거나 듣고 자기말로 요약하는 연습을 한다. 먼저 중요 포인트를 노트 정리하고 그 노트를 이용하여 자신의 말로 요약해본다. 이때 시간을 제한해 두고 말하는 연습을 하여 시간의 흐름에 익숙해 지도록 한다.

6. 확인과정을 거친다

말하기를 연습하는 모든 과정을 녹음하여 다시 들어보고, 발음이나 말의 흐름이 명확하고 이해하기 쉬운지 확인해본다. 보다 정확하게 판단하려면 다른 학습자나 영어 원어민 선생님에게 평가를 부탁해도 좋겠다.

7. 시험장의 환경과 시험 진행 방식에 익숙해진다

헤드셋을 착용하고 마이크에 자신의 목소리를 녹음해보는 과정에 익숙해져 있을 때, 실제 시험 시 자신의 최대 실력을 발휘할 수 있을 것이다. 또한 읽기, 듣기 지문 제시와 문제 제시 화면 등의 진행 방식에도 충분히 익숙해져야 한다.

How to Improve Your Score

1. 시험 당일 컨디션을 최상으로 유지한다

열심히 준비하고 공부해도 시험 당일 컨디션이 좋지 못하면 제 실력을 내지 못한다. 머리를 맑게 하고 긴장을 풀고 시험에 임한다.

2. 효과적인 Note-taking을 한다

본격적으로 말을 시작하기 전에 15-30초 동안 답안의 틀을 잡는다. 각 문제의 특성에 맞는 노트정리의 형식을 사용하여 답안 말하기에 도움이 되도록 한다. 이때, 하고자 하는 말 전체를 적는 것이 아니라 말할 때 기억의 단서가 될 정도로 간단하게 적는다.

3. 시간분배를 적절히 한다

답안 말하기에 주어진 45초~1분이라는 시간은 결코 긴 시간이 아니다. 문제에서 요구하는 것을 모두 전달하려면 효율적인 시간분배가 필수적이다.

4. 쉬운 말로 풀어 말한다

원문의 복잡한 문장이나 어려운 단어를 그대로 전달하려 하지말고, 쉽고 간결하게 풀어 말한다. 자연스러운 구어체 표현을 구사하되, 지나친 회화체 표현이나 격의 없는 말을 삼가도록 한다.

5. 어조를 살려 말한다

단조롭고 변화 없는 음성은 암기한 내용을 그대로 읊고 있다는 인상을 주어 감점요인이 될 수 있다. 자연스럽게 어조를 살려, 자연스럽고 자신감 있는 인상을 주도록 한다.

6. 위기에 대처한다

답변 중에 갑자기 할 말이 떠오르지 않거나 듣기 중 놓친 내용이 있더라도 동요하지 말고 끝까지 집중한다. 갖고 있는 정보만을 이용해 자세히 설명하거나, 토픽과 관련된 무슨 말이라도 하는 것이 아무 말도 하지 않는 것보다 낫다.

7. 최대한 집중한다

시험장에는 자신뿐만 아니라 여러 명의 수험자들이 함께 시험을 보게 된다. 말하기 영역이 시작되면 여러 수험자가 한꺼번에 대답할 수도 있으므로 집중하지 않은 상태에서는 페이스를 놓치게 되므로 주의해야 한다.

Note-taking for iBT Speaking

iBT 시험에서는 대화 및 강의를 듣는 동안 Note-taking을 허용한다. 효과적인 Note-taking은 전체적인 강의의 흐름을 파악하는 것과, 세부 정보들을 기억하는 데 도움을 주며, 들려주는 내용들이 서로 어떤 연관성을 지니는가를 쉽게 파악할 수 있도록 해준다.

한 가지 유의해야 할 점은 반드시 내용에 대한 이해가 선행된 후에 Note-taking을 시작해야 한다는 점이다. 또한 효과적인 Note-taking을 하기 위해서는 모든 내용을 다 기록하려고 하기보다, 핵심 내용만을 간략하게 정리하는 요령을 길러야 한다.

Note-Taking의 방법

1. 중요한 내용을 요점만 적는다!
읽거나 들은 단어를 모두 받아 적으려 하지 않아야 한다. 중요한 것과 그렇지 않은 것을 구별할 줄 알아야 한다.

2. 완전한 문장으로 적지 않는다!
가능한 간단한 문장과 어휘를 사용한다. '절'보다는 '구'를 사용하고, 불필요한 수식어구나 반복되는 내용, 조사 등은 피한다. 나중에 내용을 기억해내는 데 단서가 될 수 있을 정도면 충분하다.

3. Question 별 노트작성 포맷을 익혀 활용한다!
문제의 특성에 따라 노트작성 방법도 다르다. 각 문제가 가진 중심 내용과 전체적인 틀을 염두에 두고, 각기 다른 방법으로 문제해결에 접근한다.

4. 그때그때 요긴한 언어로 정리!
노트를 영어로 적느냐 한글로 적느냐는 중요한 것이 아니다. 노트는 답변 시 내용을 기억하기 위한 바탕을 제공하기 위한 것이지, 그대로를 전달하기 위한 것은 아니기 때문이다. 그때그때 자신에게 편리한 언어를 선택하여 사용한다.

5. Preparation Time 활용!
준비시간(20~30초) 동안에는, 미처 다 필기하지 못한 내용을 해당 칸에 적어 답변할 내용을 충분히 확보한다. 또한, 정보의 개념이 더 분명하고 정확하게 표현될 수 있도록 노트를 재구성할 수 있다.

6. 약어와 기호 등을 적절히 사용한다!
가능할 때마다 약어를 사용하되, 자신이 쓴 것을 못 알아 보는 일이 없도록 완전히 익혀놓아야 한다. 개념간의 관계, 시간의 흐름 등은 화살표, 밑줄, 동그라미 등의 기호를 사용해서 시각적으로 표현하는 것이 효과적이다.

❶ 기호

기호를 쓸 때는 널리 통용되는 기호를 사용함으로써, 나중에 혼동을 주지 않도록 하는 것이 좋다.

=	equals; to be	X	not, no
+, &	plus; and	@	at
>	more than, better	#	number (of)
<	less than, worse	/	per; each
↑	increase; more	∴	therefore / so
↓	decrease; less	∵	because
→	become, result, change to	~	approximately, about
$	money	∞	infinite

❷ 약어

약어를 만드는 방법에는 다양한 방법이 있는데, 일관적으로 적용될 수 있는 방법을 써서 나중에 혼동을 주는 일이 없도록 해야 한다. 약어를 만드는 데는 몇 가지 방법이 있다.

– 뒷부분 생략: conscious → cons.

– 모음 생략: movement → mvmt.

– 중간 철자 생략: government → gov't

ag.	agree	exp.	experience/express
disg.	disagree	comfrt.	comfortable
ppl.	people	int'l	international
Ss	students	crs.	course
prof.	professor	com(p).	computer
univ.	university	fem.	female
bldg.	building	cf.	compare
lib.	library	ex. (eg.)	for example
info.	information	etc.	and so on
edu.	education	w/	with
env't	environment	w/o	without
convt.	convenient	bf. (b4)	before
imprt.	important	vs.	versus
lang.	language	ea.	each

Script

Professor: You've probably heard that many animals are on the verge of totally disappearing, right? They are referred to as "endangered species," meaning that they are in danger of becoming extinct. And we've got no one to blame for the situation but ourselves. Human interference with these creatures and their ecosystems is the main reason for their low numbers.

One reason that only a few specimens of some animals remain is hunting. Ever since we've known about mountain gorillas, you know the ones that only live in the mountains of central Africa, they've been killed, usually for profit. At first, it was the governments catching infant gorillas to sell to foreign zoos. After that was outlawed, poachers, or people who hunt animals illegally, started making a fortune by capturing infants for sale to zoos, researchers, or for pets. Unfortunately, in the process, they had to kill the adults trying to, uh... to protect the baby.

Another reason that many species suffer is habitat loss. People take over their land for farming or as cities grow, to build houses and roads. Giant pandas have been especially uh... affected as farmers and the logging industry clear more and more land. This has confined individual pandas to isolated areas, surrounded by human settlements. With no way to travel from um... one spot to another, finding new sources of bamboo, their favorite food, becomes a serious problem. Many are starving because they can't move after their food runs out.

위 지문은 스피킹 6번 문제에 나오는 강의의 한 예이다. 교수는 'endangered spices'의 원인은 인간에게 있다고 말하며, 'hunting'과 'habitat loss' 두 개의 서브토픽을 중심으로 설명하고 있다. 구체적인 예로는 'mountain gorilla'와 'giant panda'를 들어 각각을 예증하고 있다. 따라서 Note-taking을 위해 크게 두 서브토픽으로 구분하여 정리하고, 각 서브토픽 아래의 주요 포인트와 예시를 약어 및 기호 등을 사용하여 간략하게 정리할 수 있겠다.

Possible Notes

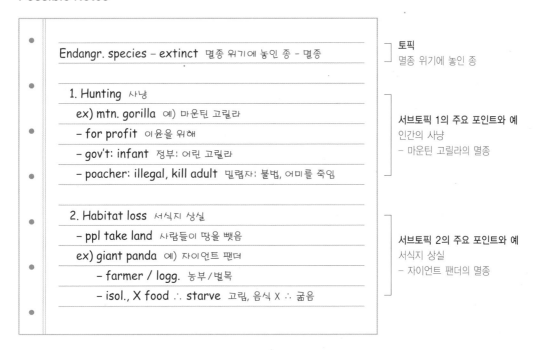

<table>
<tr><td>Endangr. species – extinct 멸종 위기에 놓인 종 – 멸종</td><td>토픽
멸종 위기에 놓인 종</td></tr>
<tr><td>1. Hunting 사냥
ex) mtn. gorilla 예) 마운틴 고릴라
– for profit 이윤을 위해
– gov't: infant 정부: 어린 고릴라
– poacher: illegal, kill adult 밀렵자: 불법, 어미를 죽임</td><td>서브토픽 1의 주요 포인트와 예
인간의 사냥
– 마운틴 고릴라의 멸종</td></tr>
<tr><td>2. Habitat loss 서식지 상실
– ppl take land 사람들이 땅을 뺏음
ex) giant panda 예) 자이언트 팬더
– farmer / logg. 농부/벌목
– isol., X food ∴ starve 고립, 음식 X ∴ 굶음</td><td>서브토픽 2의 주요 포인트와 예
서식지 상실
– 자이언트 팬더의 멸종</td></tr>
</table>

앞의 강의를 간단하게 요약한 노트의 한 예이다. 먼저 토픽을 맨 윗줄에 적고, 서브토픽을 1과 2로 나누어 안으로 들여 쓴다. 그리고 각각에 해당하는 주요포인트와 예를 아래에 차례로 정리하였다. X, ∴, ex, gov't, ppl와 같은 기호와 약어들을 사용하여, 짧은 시간에 필요한 내용을 효과적으로 정리할 수 있다. 노트정리 시에는 영어나 한글 중 어느 한가지에만 얽매이지 말고, 그때그때 편의에 따라 언어를 선택하여 적는다.

Hackers TOEFL iBT Speaking 특징

1. 기본에서 실전까지 iBT 토플 스피킹 완벽대비

이 책은 말하기의 기본이 되는 중요 표현을 익히는 것에서부터 문제의 포인트를 제대로 파악해 하나의 완성된 답안을 말하기까지의 모든 과정을 담고 있다. 따라서 이 한 권의 책으로 토플 스피킹을 완벽하게 대비할 수 있다.

2. iBT 토플 스피킹 실제시험 유형 및 출제경향 분석

새로운 경향의 최근 iBT 시험에 출제되었던 지문 구성이나 내용을 분석하여, 각 문제 유형별로 실전에 가장 가까운 지문과 대화, 문제를 수록하였다.

3. iBT 실전 문제 최다 수록

각 유형별 문제를 충분히 접할 수 있도록 모든 Chapter의 Hackers Practice와 Hackers Test에서 많은 실전 문제를 제공한다. 뿐만 아니라, 실제 시험과 유사한 Actual Test 2 set와 CD에 실전 2 세트를 수록하였으므로 다양한 문제들을 통해 실질적인 실력 향상을 꾀할 수 있다.

4. 6가지 문제유형별 최적의 전략 제시

각 문제의 패턴과 그에 따른 전략을 익혀 여러 가지 형태의 실전 문제에서 이 룰을 그대로 적용하여 풀어 볼 수 있다.

5. 실전 응용을 위한 필수 표현 제시

각 chapter 마다 실제 시험 답하기에서 응용하여 쓸 수 있는 표현들을 제시하였다. 또한 Check-up을 통해 이 표현들을 충분히 연습할 수 있도록 하였다. 표현들은 문제 유형별, 주제 별로 정리되어 있어 효율적인 학습이 가능하다.

6. Note-taking 핵심 전략 제시

Note-taking을 하는 데 있어 꼭 필요한 전략을 제시하고 실제 Note-taking에 유용한 약어 및 기호들을 소개하였다. 이러한 기본적인 Note-taking 방법을 학습하여 Note-taking 실력을 향상시키고 실제 시험에 적용할 수 있을 것이다.

7. 고득점을 위한 모범답안 제시

모든 문제에서는 질문의 요점에 충실하고 논리적으로 잘 정리된 모범답안을 제시하였다. 학습자들이 이를 모델로 충분히 연습을 하면 말하기 시험에서 고득점을 얻을 수 있을 것이다.

8. 단계적인 문제 구성으로 말하기 실력 배양

Check-up, Hackers Practice, Hackers Test, Actual Test에서 문제의 길이나 난이도를 단계적으로 구성하여, 문제를 풀어가면서 자연스럽게 말하기 실력을 향상할 수 있다.

9. 효과적 교재학습플랜 제시

책의 내용을 효과적으로 학습할 수 있도록 짜여 있는 '학습플랜'을 제공하여 학습의 효율성을 더한다.

10. 네이티브와 학습자간 음성비교 프로그램 CD 포함

교재의 중요 문장과 문단들을 선정해 CD-Rom에서 말하기 연습을 할 수 있는 장치를 제공한다. 자신의 목소리를 녹음한 뒤 네이티브의 음성과 비교/대조함으로써 실제적인 말하기 연습을 할 수 있다.

11. iBT 실전 CD 포함

실제 시험과 동일한 환경에서 문제를 풀어볼 수 있도록 실전 CD를 제공한다. 책에 수록되지 않은 실전 연습 2 세트가 수록되어 있으며, Review Page가 있어 충분히 복습이 가능하게 하였다.

12. www.goHackers.com을 통한 자료이용 및 상호 피드백

해커스 홈페이지(www.goHackers.com)를 통하여 책 내용에 관한 궁금점과 토플 말하기 시험에 관한 궁금점 및 정보를 교류할 수 있으며, 학습방법에 대한 조언을 구할 수 있다.

Hackers TOEFL iBT Speaking 구성

1. 진단고사

iBT TOEFL Speaking 시험의 구성을 그대로 따른 문제 한 세트를 풀어보며, 말하기 시험의 전반적인 유형 및 난이도 등에 대한 이해를 얻을 수 있게 한다. 또한 자신의 현재 말하기 실력에 대한 진단도 가능하다.

2. 기본다지기

말하기 시험에 사용할 수 있는 기본적이고 유용한 표현들을 연습할 수 있도록 한다. 특히 짧은 지문을 읽고 들은 뒤 말해보는 연습을 통해 통합 섹션에 대비할 수 있게 한다.

3. 실전익히기

문제의 유형에 따라 중요 포인트 파악과, 노트 정리, 그리고 정리 내용을 토대로 실제로 말하는 전략과 방법을 익힌다.

4. 실제 스텝

문제를 풀어나가는 순서와 전략을 알기 쉽게 보여주어 실제 시험에서 체계적으로 문제를 풀 수 있는 방법을 알게 한다.

5. Hackers Practice

실전익히기에서 공부한 전략과 내용을 바탕으로 집중적인 말하기 연습을 할 수 있다. 아웃라인과 노트 작성법에서 말하기까지를 단계별로 학습한다.

6. Hackers Test

각 Chapter의 마지막에서 학습한 내용을 실전 유형의 문제들로 점검해본다. 앞서 학습한 내용을 바탕으로 스스로 노트 작성과 답안 말하기를 함으로써 실전에 대한 감을 늘릴 수 있다.

7. Actual Test (책 + CD)

6개의 Chapter를 모두 공부한 후 종합적인 이해도와 실력을 측정할 수 있는 Actual Test 2 세트가 제공된다. 또한, 실제 시험과 동일한 환경에서 문제를 풀어볼 수 있도록, CD에 추가로 실전 2 세트가 수록되어 있다. 실제 iBT 시험 문제들을 기본으로 한 구성으로, 최근의 시험 경향과 출제 유형을 반영하였다.

8. 음성비교 프로그램

음성비교 프로그램을 통해 학습자의 발음을 Native의 발음과 비교/대조 함으로써 답안을 더욱 정확히 말하는 연습을 할 수 있다.

9. 테이프와 MP3 중 선택

교재의 문제를 풀기 위한 지문과 답안 전문을 테이프나 MP3 중에서 선택하여 구입할 수 있게 하였다. 테이프는 온·오프라인 서점에서, MP3는 해커스 챔프스터디(www.ChampStudy.com)에서 다운로드를 받을 수 있다.

10. 필수 단어 정리

말하기의 기본이 되는 단어학습을 위하여 모든 지문과 대화, 그리고 답안에 나오는 단어들을 정리하였다.

11. 해설집

모든 문제들에 대한 모범 답안이 제공되며, 이를 바탕으로 자신의 답안을 보완, 개선해 볼 수 있다. 또한 지문과 대화내용을 모두 수록하였으며 이에 대한 한글 해석도 함께 제공하였다.

p.33의 진단고사를 풀어 본 후 자신의 현재 실력을 파악하여, 아래에서 적합한 학습 방법을 찾아 학습하면 효과적입니다.

Level 1. 입이 잘 떨어지지 않아요!

시작이 반입니다! 문제 파악도 힘들고, 한 두 문장밖에 말할 수 없었다면, 당신의 iBT 스피킹 실력은 '하' 단계입니다. 각 문제 유형에 대해 확실히 이해하고, [기본다지기] 중 idea 생각해내기, 간단한 개요 만들기부터 열심히 학습해야 합니다. 이와 함께 말하기를 위한 기본적인 단어, 표현 등을 꾸준히 익혀 나가세요. 이를 바탕으로 쉽고 간단한 문장으로 자신의 생각을 표현해보는 연습을 해보세요.

Level 2. 간단한 문장만은 말할 수 있어요!

가능성이 보입니다! 자신감이 필요한 당신의 iBT 스피킹 실력은 '중하' 단계입니다. [기본다지기] 부분부터 차근차근 자신의 말하기 실력을 쌓으며 주요 표현을 완벽히 소화해보세요. Check-up도 열심히 풀어봅니다. 주제문과 이를 뒷받침할 근거들을 사용하여 개요를 짜본 후 문장으로 옮기는 연습이 많이 필요합니다.

Level 3. 답안을 끝까지 완성할 수 있지만 아직은 더듬거려요!

고지가 가깝습니다! 조금만 더 노력하면 고득점이 가능한 당신의 iBT 스피킹 실력은 '중상' 단계입니다. 교재의 Possible Responses(모범 답안)들을 여러 번 반복해서 읽으며 외워보세요. 금새 fluency가 향상되는 것을 느끼실 겁니다. 읽기와 듣기 지문 중 때로 이해하기 어려운 내용이 있다면 그 부분을 확실하게 소화하고 넘어가도록 하세요.

Level 4. 대부분 자신 있게 말할 수 있어요!

말하기의 고수가 되시겠군요! 대부분의 문제에 수월히 대답한 당신의 iBT 스피킹 실력은 '상' 단계입니다. 교재의 기본다지기 부분을 간단히 마스터하고, Hackers Practice와 Hackers Test 단계의 문제들을 확실히 소화하세요. 각 Chapter의 주요 표현들을 응용하는 연습을 통해 더 세련된 문장을 구사해보세요. 또한 www.goHackers.com에서 최신 시험 경향을 알아보고 스스로 연습해보는 것도 잊지 마세요.

본인의 상황에 맞는 학습방법을 찾아 참고하세요.

1. 개별 학습
① 문제 유형에 따라 Chapter가 구성되어 있으므로, 각각의 내용과 전략을 숙지하며 문제를 푼다.
② 기본다지기와 Check-up의 주요 표현을 모두 암기하며, 응용할 수 있도록 연습한다. 또한 CD를 반복해서 들으며 native의 발음을 익혀 정확하게 말할 수 있도록 연습한다.
③ 문제를 풀 때는 항상 녹음기를 이용하여 자신의 답안을 녹음한다. 자가진단을 통해 스스로 부족한 부분을 파악하여 그 부분을 보강한다.
④ 자신의 답안과 해답지의 모범답안을 비교해본 후 모범답안을 기준으로 자신의 답안을 보완하여 다시 한번 말하기 연습을 해본다. 이때도 역시 답안을 녹음하여 자신의 발전 여부를 확인한다.
⑤ 모범답안의 내용을 CD로 들으면서 native의 발음과 속도 및 억양을 따라 해보며 연습한다. 가능한 많은 부분을 외우면 실력향상에 크게 도움이 될 것이다.

2. 스터디 학습
① 기본다지기의 주요 표현들을 공부하고 파트너와 확인 작업을 거친다.
② 각자가 녹음해온 답안을 듣고 토의하여 가장 최선의 답안을 마련해본다.
③ 모범답안의 답을 외워 quiz로 풀어본다.

3. 보충 학습
① 단어의 실제 native 발음을 연습한다.
② 여러 가지 다양한 주제에 대해서 의견을 표현하는 연습을 해본다.
③ 실생활에서 영어로 말할 수 있는 기회를 최대한 찾아서 활용한다.

4. 학습 TIPs
① 말하기에 있어 중요한 요소인 발음, 단어의 사용, 문법 및 논지의 전개 등에서 골고루 실력을 향상시킬 수 있도록 연습한다.
② 부록 CD를 꾸준히 반복하여 들으며 발음 훈련을 한다.
③ 강의나 긴 대화를 들을 때 요지와 세부사항을 파악하며 자신의 말로 정리해 말해보는 훈련을 한다.
④ 문제를 풀 때는 일정한 시간을 정해놓고 그 시간 내에 완성할 수 있도록 노력한다.

Hackers TOEFL iBT Speaking 학습플랜

1. Chapter 순차적 학습플랜

	Day	1st	2nd	3rd	4th	5th	6th
1st week	Progress	진단고사 Ch1.기본 I	Ch1.기본 II, III	Ch1.실전 I + HP	Ch1.실전 II + HP	Ch1.HT	Review
2nd week	Progress	Ch2.기본 I, II	Ch2.기본 III	Ch2.실전 I + HP	Ch2.실전 II + HP	Ch2.HT	AT 1
3rd week	Progress	Ch3.기본 I, II	Ch3.기본 III	Ch3.실전 I + HP	Ch3.실전 II + HP	Ch3.HT	Review
4th week	Progress	Ch4.기본 I, II	Ch4.기본 III	Ch4.실전 I + HP	Ch4.실전 II + HP	Ch4.HT	AT 2
5th week	Progress	Ch5.기본 I	Ch5.기본 II	Ch5.실전 I + HP	Ch5.실전 II + HP	Ch5.HT	Review
6th week	Progress	Ch6.기본 I	Ch6.기본 II	Ch6.실전 I + HP	Ch6.실전 II + HP	Ch6.HT	실전 CD

2. Chapter 혼합형 학습플랜

	Day	1st	2nd	3rd	4th	5th	6th
1st week	Progress	진단고사 Ch1.기본 I	Ch1.기본 II, III	Ch1.실전 I + HP	Ch1.실전 II + HP	Ch1.HT	Review
2nd week	Progress	Ch3.기본 I, II	Ch3.기본 III	Ch3.실전 I + HP	Ch3.실전 II + HP	Ch3.HT	AT 1
3rd week	Progress	Ch6.기본 I	Ch6.기본 II	Ch6.실전 I + HP	Ch6.실전 II + HP	Ch6.HT	Review
4th week	Progress	Ch2.기본 I, II	Ch2.기본 III	Ch2.실전 I + HP	Ch2.실전 II + HP	Ch2.HT	AT 2
5th week	Progress	Ch4.기본 I, II	Ch4.기본 III	Ch4.실전 I + HP	Ch4.실전 II + HP	Ch4.HT	Review
6th week	Progress	Ch5.기본 I	Ch5.기본 II	Ch5.실전 I + HP	Ch5.실전 II + HP	Ch5.HT	실전 CD

3. 기본 쌓기 선행 학습플랜

	Day	1st	2nd	3rd	4th	5th	6th	7th
1st week	Progress	진단고사	Ch1.기본 Ⅰ	Ch1.기본 Ⅱ	Ch1. 기본 Ⅲ	Ch2.기본 Ⅰ	Ch2.기본 Ⅱ	Review
2nd week	Progress	Ch2.기본 Ⅲ	Ch3.기본 Ⅰ	Ch3.기본 Ⅱ	Ch3. 기본 Ⅲ	Ch4.기본 Ⅰ	Ch4.기본 Ⅱ	AT 1
3rd week	Progress	Ch4.기본 Ⅲ	Ch5.기본 Ⅰ	Ch5.기본 Ⅱ	Ch6.기본 Ⅰ	Ch6.기본 Ⅱ	기본 총정리	Review
4th week	Progress	Ch1.실전 Ⅰ, Ⅱ + HP	Ch1.HT	Ch2.실전 Ⅰ, Ⅱ + HP	Ch2.HT	Ch3.실전 Ⅰ + HP	Ch3.실전 Ⅱ + HP	AT 2
5th week	Progress	Ch3.HT	Ch4.실전 Ⅰ + HP	Ch4.실전 Ⅱ + HP	Ch4.HT	Ch5.실전 Ⅰ + HP	Ch5.실전Ⅱ + HP	Review
6th week	Progress	Ch5.HT	Ch6.실전 Ⅰ + HP	Ch6.실전 Ⅱ + HP	Ch6.HT	실전 총정리	실전 CD	Review

4. 실전 중심형 학습플랜

	Day	1st	2nd	3rd	4th	5th	6th	7th
1st week	Progress	진단고사	Ch1.기본	Ch2.기본	Ch3.기본	Ch4.기본	Ch5.기본	Ch6.기본
2nd week	Progress	CH1.실전 Ⅰ + HP	CH1.실전 Ⅱ + HP	CH1.HT	CH2.실전 Ⅰ + HP	CH2.실전 Ⅱ + HP	CH2.HT	AT 1
3rd week	Progress	Ch3.실전 Ⅰ + HP	Ch3.실전 Ⅱ + HP	Ch3.HT	Ch4.실전 Ⅰ + HP	Ch4.실전 Ⅱ + HP	Ch4.HT	AT 2
4th week	Progress	Ch5.실전 Ⅰ + HP	Ch5.실전 Ⅱ + HP	Ch5.HT	Ch6.실전 Ⅰ + HP	Ch6.실전 Ⅱ + HP	Ch6.HT	실전 CD

* HP: Hackers Practice / HT: Hackers Test / AT: Actual Test

말하기 연습 CD 학습법

해커스 말하기 연습 CD란?

해커스 어학연구소에서 자체 제작한 말하기 훈련 프로그램으로, 토플 학습자가 효율적으로 말하기 연습을 할 수 있도록 구성되어 있습니다. 이 과정을 통해, 책에서 배운 내용을 복습하면서 완전히 자신의 것으로 소화하여 영어로 자연스럽게 말할 수 있게 됩니다.

- **반복 학습** (Repeated Study)
  실전을 위한 유용한 표현들과 지문을 자기 것으로 만들 때까지 반복 연습합니다.

- **참여 학습** (Dynamic Study)
  자신이 외운 내용을 직접 녹음해 볼 수 있습니다.

- **상호 학습** (Interactive Study)
  자신이 녹음한 내용을 native의 발음과 비교하여 스스로 진단할 수 있습니다.

STEP별 학습법

STEP 1 듣고 따라 말하기

STEP 1에서는 native의 음성을 듣고 따라 말하는 것을 연습합니다. native의 음성을 반복해서 들려주어, 학습자가 충분히 따라 말하여 외울 수 있을 때까지 연습할 수 있습니다. 또한 문장 보기 버튼을 이용하여 script를 바로 확인할 수 있습니다.

문장 듣고 말하기

실제 문장과 intonation을 확인하며 연습할 수 있습니다.

문단 듣고 말하기

실제 지문을 보면서 문장 별로 확인하며 연습할 수 있습니다.

STEP 2 외운 문장 녹음하기

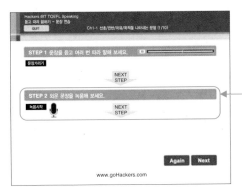

STEP 1에서 반복학습을 통해 외운 문장을 마이크를 사용하여 직접 녹음해 볼 수 있습니다.

STEP 3 native음성과 비교하여 들어보기

STEP 2에서 직접 녹음해본 자신의 말하기를 native의 발음과 비교해서 들어 볼 수 있습니다. 이를 통해 자신의 약점을 보완하고 발음과 억양을 교정할 수 있습니다.

www.goHackers.com

Diagnostic
Test

Hackers iBT TOEFL Speaking

www.goHackers.com

Diagnostic **Test**

VOLUME

Speaking Section Directions

In this section of the test, you will be able to demonstrate your ability to speak about a variety of topics. You will answer six questions by speaking into the microphone. Answer each of the questions as completely as possible.

In questions one and two, you will speak about familiar topics. Your response will be scored on your ability to speak clearly and coherently about the topics.

In questions three and four, you will first read a short text. The text will go away and you will then listen to a talk on the same topic. You will then be asked a question about what you have read and heard. You will need to combine appropriate information from the text and the talk to provide a complete answer to the question. Your response will be scored on your ability to speak clearly and coherently and on your ability to accurately convey information about what you read and heard.

In questions five and six, you will listen to part of a conversation or a lecture. You will then be asked a question about what you heard. Your response will be scored on your ability to speak clearly and coherently and on your ability to accurately convey information about what you heard.

You may take notes while you read and while you listen to the conversations and lectures. You may use your notes to help prepare your response.

Listen carefully to the directions for each question. The directions will not be written on the screen.

For each question you will be given a short time to prepare your response. A clock will show how much preparation time is remaining. When the preparation time is up, you will be told to begin your response. A clock will show how much response time is remaining. A message will appear on the screen when the response time has ended.

Number 1 🎧 *Track 1*

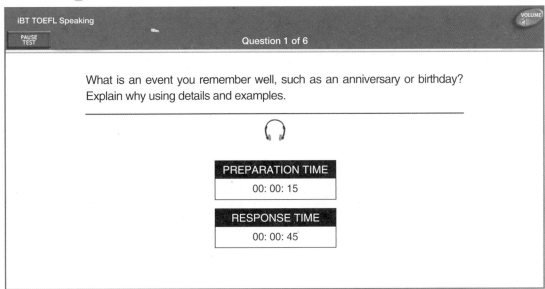

iBT TOEFL Speaking

PAUSE TEST

Question 1 of 6

What is an event you remember well, such as an anniversary or birthday?
Explain why using details and examples.

PREPARATION TIME
00: 00: 15

RESPONSE TIME
00: 00: 45

Number 2 🎧 *Track 2*

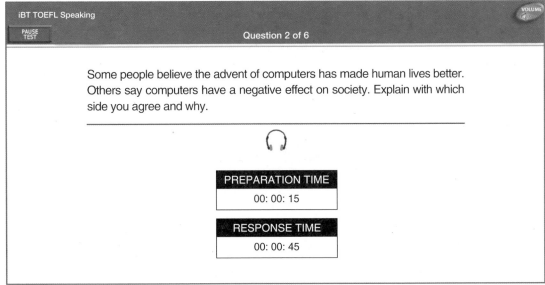

iBT TOEFL Speaking

PAUSE TEST

Question 2 of 6

Some people believe the advent of computers has made human lives better.
Others say computers have a negative effect on society. Explain with which
side you agree and why.

PREPARATION TIME
00: 00: 15

RESPONSE TIME
00: 00: 45

정답 p.310

Reading Time: 45 seconds

Variety Coming to Campus Menus

As anyone who has lived in the dorms knows, dining options leave something to be desired. The Student Council has finally taken action and responded to residents' complaints with a proposal to bring in an additional provider. By allowing another company to set up in campus cafeterias, they hope to offer better service and diversify menus. The Council plans to have the changes in place for next semester's residents. Their efforts are much appreciated by the student body.

Now get ready to answer the question.

The man states his opinion on the proposed changes to the cafeterias. State his opinion and explain the reasons he gives for holding that opinion.

PREPARATION TIME
00: 00: 30

RESPONSE TIME
00: 00: 60

정답 p.311

Reading Time: 45 seconds

Decision Framing

The system that people use to make decisions is often based on personal preferences, not facts. Research in the field of decision-making has found that how the choices are framed, or presented, can have a great effect on the choices made. Generally, people are risk averse. If presented with two identical choices – one offered as a possible gain, the other introduced as a possible loss – people will overwhelmingly choose the possible gain, even though the two are exactly the same.

Now get ready to answer the question.

The professor gives two examples of people making choices. Explain how they are affected by decision framing.

PREPARATION TIME
00: 00: 30

RESPONSE TIME
00: 00: 60

정답 p.313

Now get ready to answer the question.

The students discuss two possible solutions to the woman's problem. Describe the problem. Then state which of the two solutions you prefer and explain why.

PREPARATION TIME

00: 00: 20

RESPONSE TIME

00: 00: 60

정답 p.315

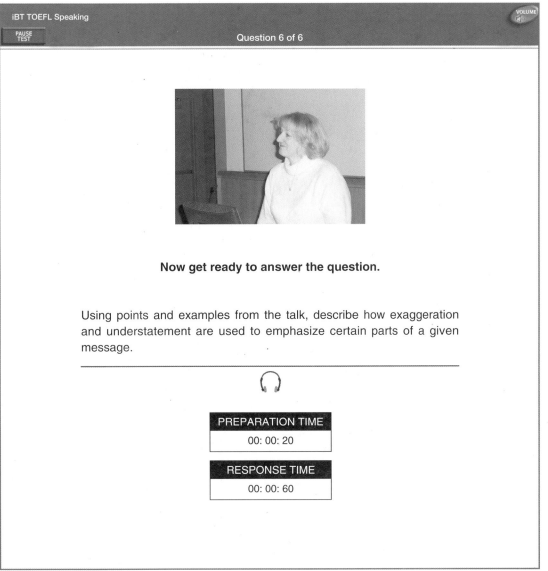

Now get ready to answer the question.

Using points and examples from the talk, describe how exaggeration and understatement are used to emphasize certain parts of a given message.

PREPARATION TIME
00: 00: 20

RESPONSE TIME
00: 00: 60

정답 p.317

Independent Section

Speaking 섹션의 1번과 2번은 짧은 질문에 답하여 말하는 문제로, 수험자의 말하기 능력만을 측정하는 독립형(independent) 문제이다. 친숙한 토픽과 관련된 질문을 받고, 자신의 의견을 유창하고 조리있게 설명하여 말해야 한다.

www.goHackers.com

Chapter 1

Q1 나와 관련된 것 말하기

Introduction

Overview

1번 문제는 주어진 토픽에 대해 나와 관련된 것을 말하는 문제이다. 일상적이고 친숙한 토픽에 대한 질문으로 인물, 사건, 물건, 또는 장소에 대한 나의 의견을 묻는다.

테스트 진행 방식

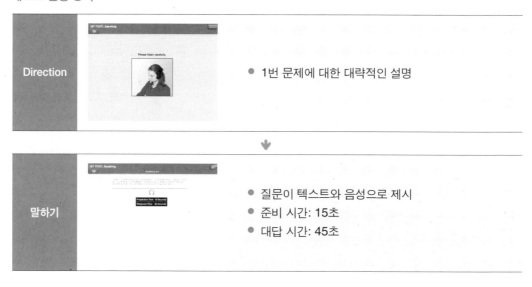

| Direction | | ● 1번 문제에 대한 대략적인 설명 |

↓

| 말하기 | | ● 질문이 텍스트와 음성으로 제시
● 준비 시간: 15초
● 대답 시간: 45초 |

기출문제

- 학생 시절 가장 좋아했던 수업은 무엇인가?
- 살았던 마을이나 도시 중 기억에 남는 곳은 어디인가?
- 당신의 나라에서 중요한 기념일은 무엇인가?
- 가장 존경하는 사람은 누구인가?
- 여행할 때 이용하고 싶은 교통수단은 무엇인가?
- 친구들을 만날 때 주로 가는 곳은 어디인가?
- 자신이 내렸던 중요한 결정은 무엇인가?
- 즐겨 찾는 공원은 어디인가?
- 기억에 남는 선생님은 누구인가?
- 감명 깊게 읽은 책은 무엇인가?

Chapter 1

Chapter 2

Chapter 3

Chapter 4

Chapter 5

Chapter 6

질문의 핵심 포인트

질문에서는 먼저 자신의 의견을 정하고, 이를 선택한 이유를 구체적으로 설명할 것을 요구한다.

의견 (what) 질문에 대한 나의 의견 말하기

이유 (why) 나의 의견에 대한 이유를 구체적 설명이나 예를 포함하여 말하기

질문의 예

Describe **the country you would most like to visit** and explain **why**. Include **details and**
나의 의견   이유
examples to support your explanation.
구체적 근거

가장 가고 싶은 나라를 말하고 그 이유를 설명하세요. 구체적인 설명과 예를 들어 답하세요.

Step별 문제풀이 전략

STEP 1 아웃라인 잡기

● 질문에 대한 나의 의견과 그에 대한 이유를 간단히 적는다. 구체적 설명이나 예를 함께 적는다.

STEP 2 아웃라인 보고 말하기

● 나의 의견 말하기: 질문의 표현을 이용하여 나의 의견을 말한다.

● 이유 말하기: 나의 의견에 대한 이유를 구체적 설명이나 예를 들어 뒷받침한다. 이유 말하기에서 사용할
수 있는 표현들을 익혀 다양한 문장을 구사한다.

기본다지기

I. 유형별 표현 - 의견, 이유 말하기 표현

1번 문제는 개인적 경험을 토대로 나와 관련된 것에 대한 의견을 말하는 문제이다. 주어진 토픽에 대한 나의 의견을 효과적으로 전달하고, 그 이유와 구체적 근거를 설명할 때 유용하게 사용할 수 있는 표현들을 익혀보자.

1. 의견을 말할 때 쓸 수 있는 표현 🎧 Track 1

❶ 나는 ~라고 생각한다
I think/believe/feel that ~

나는 피아노 연주가 좋은 취미라고 생각한다.
I think that playing the piano is a good hobby.

❷ 내 생각에
In my opinion

내 생각에, 개는 좋은 애완동물이다.
In my opinion, dogs make good pets.

❸ 기회가 된다면, 나는 ~하고 싶다
If I have a chance, I would like to ~

기회가 된다면, 나는 대학에서 유화를 해보고 싶다.
If I have a chance, I would like to try oil painting at the university.
＊유화 oil painting

❹ 내가 가장 좋아하는 ~ 중 하나는 -이다
One of my favorite ~ is -

내가 가장 좋아하는 예술가 중 하나는 반 고흐인데, 그의 그림들은 색채가 매우 아름답기 때문이다.
One of my favorite artists **is** Van Gogh because his paintings have such beautiful colors.

Basic Course

Chapter 1
Chapter 2
Chapter 3
Chapter 4
Chapter 5
Chapter 6

⑤ ~에 관해서라면
When it comes to

수학과 과학에 관해서라면, 우리 누나가 대단히 도움이 된다.
My sister is incredibly helpful **when it comes to** math and science.
＊대단히, 믿을 수 없을 만큼 incredibly

⑥ 나는 A를 B로 선택하겠다
I would choose A as B

여가 시간을 보내기에 제일 좋아하는 방법으로 나는 요리를 선택하겠다.
I would choose cooking **as** my favorite way to spend free time.

⑦ 나에게 관한 한
As far as I'm concerned

나에게 관한 한, 산이 있는 곳이 이상적인 휴가 장소이다.
As far as I'm concerned, places with mountains are ideal vacation spots.
＊장소 spot

⑧ 다음의 이유들로, 나에게 가장 중요한 ~은 -이다
The most important ~ for me is −, for the following reasons

다음의 이유들로, 나에게 가장 중요한 경제적 이슈는 안정성이다.
The most important economic issue **for me is** stability, **for the following reasons**.
＊안정성 stability

⑨ 나에겐 ~인 것 같다 / 나는 ~라고 생각한다
It seems to me that ~

다른 언어를 공부할 때, 나는 그 문화를 더 잘 이해하는 것 같다.
It seems to me that when I study another language, I understand that culture better.

2. 이유를 말할 때 쓸 수 있는 표현 ⏺ *Track 1*

⑩ 첫째로 [무엇보다도]
First [First of all]

첫째로, 한국인은 윗사람에게 존경심을 표하기 위해 고개 숙여 인사한다.
First, Koreans bow to show respect to their elders.
＊(고개 숙여) 인사하다, 절하다 bow

⑪ 두 번째로
Second

두 번째로, 그 영화는 최근의 사회적 경향을 반영한다.
Second, the movie reflects current social trends.
＊반영하다 reflect

⑫ ~하는 몇 가지 이유가 있다
There are several reasons why ~

일본을 여행할 때 초밥을 먹어보라고 제안하는 몇 가지 이유가 있다.
There are several reasons why I suggest that you should try sushi when traveling to Japan.
＊(일본) 초밥 sushi

⑬ ~하는 한가지 [또 다른] 이유는 – 때문이다
One [Another] reason why ~ is that –

내가 세계사를 좋아하는 한가지 이유는 다른 문화에 대해 배울 수 있기 때문이다.
One reason why I like world history **is that** I can learn about other cultures.

⑭ 그것은 ~ 때문이다
That's because ~

나는 이미 학비를 낼 돈이 충분히 있다. 그것은 내가 저축을 일찍 시작했기 때문이다.
I already have enough money to pay for tuition. **That's because** I started saving early.
＊등록금 tuition

⑮ 특히
In particular

특히 열대지방이 신혼부부들 사이에서 매우 인기 있다.
Tropical destinations, **in particular**, are very popular among newly-weds.
＊열대의 tropical ＊목적지, 행선지 destination

Chapter 1

Chapter 2

Chapter 3

Chapter 4

Chapter 5

Chapter 6

⑯ ~와 같은
Such as

나는 학생 신문사와 드라마 동아리 같은 몇몇 과외 활동에 참가했었다.
I participated in some extracurricular activities, **such as** the student newspaper and drama club.
＊과외 활동 extracurricular activity

⑰ 다시 말하면 / 바꿔 말하면
In other words

나는 그 이야기가 흥미롭다고 생각했다. 다시 말하면, 그 책을 읽는 것이 매우 즐거웠다.
I thought the story was interesting. **In other words**, I really enjoyed reading the book.

⑱ 게다가 / 덧붙여서
Besides / In addition / Moreover

신문은 정확해야 한다. 게다가, 신문은 공정한 관점을 취해야 한다.
Newspapers should be correct. **Moreover**, they should have a balanced perspective.
＊관점 perspective

⑲ 그뿐만 아니라, ~도 (역시)
Not only that, but (also) ~

그뿐만 아니라, 그는 타인을 돕는데 전 생애를 바쳤다.
Not only that, but he spent his whole life helping others.

⑳ 앞서 말했다시피
As I said/mentioned before

앞서 말했다시피, 나는 보통 티켓을 구입하기 전에 요금을 철저히 알아본다.
As I said before, I usually research fares thoroughly before paying for tickets.
＊철저히, 완전히 thoroughly

㉑ 모든 것을 고려했을 때
All things considered

모든 것을 고려했을 때, 우리 오빠는 여전히 나의 가장 좋은 친구이다.
All things considered, my brother is still my best friend.

다음 문장을 영어로 말해보세요.

1 나는 일찍 일어난다. 그것은 내가 아침에 운동하는 것을 좋아하기 때문이다.
＊운동하다 exercise

2 휴식에 관해서라면, 나는 TV를 보거나 차를 마시는 것을 즐긴다.
＊휴식 relaxing

3 무엇보다도, 나는 그래픽 디자인을 공부하기 전에 컴퓨터 사용법을 배워야 했다.

4 프랑스는 아름다운 경관을 가지고 있다. 게다가, 세계 최고의 음식과 와인을 가지고 있다.
＊경관 scenery

5 내 생각에, 학생들은 더욱 독립적이 되기 위해 자신의 등록금을 지불해야 한다.
＊독립적인 independent ＊등록금 tuition

6 나는 체스, 수영, 요리와 같은 많은 취미를 가지고 있다.

7 나는 비즈니스와 관련된 과목들, 특히 회계학에 관심이 있다.
＊-와 관련된 -related ＊회계학 accounting

8 내가 수영을 하는 또 다른 이유는 관절에 매우 좋기 때문이다.
＊관절 joint

Chapter 1

Chapter 2

Chapter 3

Chapter 4

Chapter 5

Chapter 6

9 다음의 이유들로, 나에게 가장 중요한 휴일은 크리스마스이다.
＊휴일 holiday

10 기회가 된다면, 나는 캐나다에서 석사 학위를 따고 싶다.
＊석사학위 master's degree

11 나는 수업 때문에 꽤 바쁘다. 그뿐만 아니라, 나는 아르바이트도 한다.
＊~때문에 꽤 바쁜 pretty busy with

12 앞서 말했다시피, 대학원에 진학하는 것이 나의 가장 큰 목표이다.
＊대학원 graduate school ＊목표 goal

13 두 번째로, 나는 불량식품이 충치의 원인이 되므로 좋지 않다고 생각한다.
＊불량식품 junk food ＊충치 cavity ＊~의 원인이 되다 cause

14 모든 것을 고려했을 때, 유럽에서 공부하는 것은 매우 유익한 경험일 것이다.
＊유익한 helpful

15 내가 인라인스케이트 같은 야외 스포츠를 즐기는 몇 가지 이유가 있다.
＊야외의 outdoor

16 나는 아침형 인간이 아니다. 다시 말해서, 나는 아침에 활동을 잘 하지 못한다.
＊아침형 인간 morning person ＊활동하다, 기능을 하다 function

🎧 **Track 2** 정답 p.320

문제에 등장하는 네 가지 유형의 토픽 중, 여기에서는 먼저 나와 관련된 '인물'과 '사건'에 대해 말할 때 필요한 표현들을 익혀보자. 기억에 남는 인물이나, 인상 깊었던 사건에 관해 이야기를 할 때 사용할 수 있는 표현들을 배운다.

🎧 *Track 3*

❶ 함께 모이다
get together

친구들과 나는 모두 매우 바쁘지만, 적어도 한 달에 한번은 함께 모이려고 노력한다.
My friends and I are all really busy, but we try to **get together** at least once a month.

❷ 문제가 [어려움이] 있다
have problems [a hard time]

룸메이트가 전혀 청소를 하지 않아 나는 그와 문제가 있다.
I **have problems** with my roommate because he never cleans.

❸ 기억에 남는 선생님
a memorable teacher

Mr. Gutnik은 수업시간에 학생들에게 노래를 불러주셔서 기억에 남는 선생님이다.
Mr. Gutnik is **a memorable teacher** because he sang to his students in class.

❹ 억눌려 있다/압박을 받다
be under pressure

고등학교 때, 나는 성적을 잘 받아 좋은 대학에 들어가려는 생각에 매우 억눌려 있었다.
In high school, I **was under** a lot of **pressure** to do well and get into a good university.
＊(성적이) 좋다 do well

❺ 자진하여 도와주다
be willing to help

내 룸메이트는 항상 내가 시험공부를 하는데 자진하여 도와준다.
My roommate **is** always **willing to help** me study for exams.

Chapter 1

Chapter 2

Chapter 3

Chapter 4

Chapter 5

Chapter 6

❻ 살이 찌다 [빠지다]
gain [lose] weight

나는 여행을 할 때마다 모든 다양한 음식을 먹어보고 싶어하기 때문에 살이 찐다.
I **gain weight** whenever I travel because I want to try all the different foods.

❼ B 때문에 A를 존경하다
respect A for B

나는 30년간 담배를 피우다가 끊은 옆집 사람을 존경한다.
I **respect** my next-door neighbor **for** quitting smoking after 30 years.
＊그만두다 quit

❽ 위험을 무릅쓰다
take risks

오늘날 사업에서 성공하려면 위험을 무릅써야 한다.
You have to **take risks** to succeed in business these days.

❾ 정신 [신체] 건강을 유지하다
stay mentally [physically] healthy

나는 정신 건강을 유지하는데 도움이 되기 때문에 요가를 좋아한다
I like yoga because it helps me to **stay mentally healthy**.

❿ 안정적인 직장
a stable job

나는 스케줄이 일정하고 보수가 좋은 안정적인 직장을 원한다.
I want **a stable job** with a regular schedule and good pay.
＊일정한, 규칙적인 regular

⓫ ～에 [～할] 자격이 있다
be eligible for [to ~]

나는 열심히 공부하는 학생들은 모두 장학금을 받을 자격이 있다고 생각한다.
I think that all hard-working students should **be eligible for** scholarships.
＊열심히 공부하는, 근면한 hard-working

⑫ **관광하다**
go sightseeing

나는 잘 모르는 도시를 관광할 때, 가장 유명한 장소를 먼저 방문한다.
When I **go sightseeing** in an unfamiliar city, I visit its most famous landmarks first.
＊잘 모르는, 익숙지 않은 unfamiliar　＊명소, 역사적 장소 landmark

⑬ **칭찬을 많이 받다 / 높이 평가되다**
be highly praised

나는 칭찬을 많이 받을 때 일을 더 열심히 하는 경향이 있다.
I tend to work harder when I'**m highly praised**.
＊~하는 경향이 있다 tend to

⑭ **직접 [간접] 경험**
direct [indirect] experience

나는 백화점에서 일했기 때문에 세일즈에 다년간의 직접 경험이 있다.
I have many years of **direct experience** in sales because I worked at a department store.
＊백화점 department store

⑮ **스트레스를 받다**
get stressed out

나는 충분히 잠을 자지 않으면 스트레스를 받는다.
I **get stressed out** when I don't get enough sleep.

⑯ **~에 모든 에너지를 쏟아 붓다**
pour all of one's energy into

자신의 목표에 모든 에너지를 쏟아 붓는 것이 인생에서 성공하는 유일한 방법이다.
Pouring all of your energy into your goals is the only way to succeed in life.

⑰ **생각과 경험을 나누다**
share one's thoughts and experiences

내 생각과 경험을 함께 나눌 수 있기에 나는 언니를 사랑한다.
I love my sister because I can **share my thoughts and experiences** with her.

Chapter 1

Chapter 2

Chapter 3

Chapter 4

Chapter 5

Chapter 6

⑱ **가벼운 운동**
light exercise

잠을 깨게 해주기 때문에 나는 매일 아침 가벼운 운동을 하는 것을 좋아한다.
I like to get some **light exercise** every morning because it wakes me up.
＊~를 깨우다 wake ~ up

⑲ **고난을 극복하다**
overcome hardship

우리는 때때로 인내를 통해 고난을 극복해낸 사람들에 대해 듣는다.
We sometimes hear of people who have **overcome hardship** through patience.
＊인내 patience

⑳ **따라잡다**
catch up

수업을 따라잡는 한가지 방법은 노트를 복습하는 것이다.
One way to **catch up** in class is to review your notes.
＊복습하다 review

㉑ **스트레스를 풀다**
relieve stress

나는 음악을 듣거나 독서를 하면서 스트레스를 푸는 것을 좋아한다.
I like to **relieve stress** by listening to music or reading.

㉒ **장학금 수여 조건을 충족하다**
meet the scholarship requirements

학점이 대학의 장학금 수여 조건을 충족하여, 나는 돈을 내지 않고 대학에 다닐 수 있었다.
My grades **met the** university's **scholarship requirements**, so I could go to college for free.
＊무료로, 공짜로 for free

㉓ **과목을 수강하다**
take a course

학생들은 전공을 결정하기 전에 입문 과목들을 필수로 들어야 한다.
Students are required to **take** introductory **courses** before deciding on their major.

✔ Check-up

다음 문장을 영어로 말해보세요.

1 나는 독립적이고 영리하기 때문에 내 친구 Jane을 존경한다.
＊독립적인 independent ＊영리한 smart

2 나는 내과의사가 안정적인 직업의 좋은 예라고 생각한다.
＊내과의사 physician

3 친절한 사람들은 항상 어려움에 처한 사람들을 자진하여 도와준다.
＊어려움에 처한 사람들 those in need

4 내 컴퓨터가 고장 났을 때, 나는 어려움이 있었다.
＊고장난 out of order

5 우리 대학교는 교수님들로 인해 높이 평가된다.

6 나는 시험기간 같이 압박을 받을 때는 집중을 하기가 어렵다.
＊집중하다 concentrate

7 우리 아버지의 가족은 가난했지만, 아버지는 고난을 극복하고 대학에 다니셨다.

8 나는 수다 떨기 위해 친구들과 함께 모이는 것을 좋아한다.
＊수다 떨다 chat

9 나는 큰 연주회를 앞두고 연습에 나의 모든 에너지를 쏟아 부었다.
＊연주회 recital

Chapter 1

Chapter 2

Chapter 3

Chapter 4

Chapter 5

Chapter 6

10 평생 친구는 생각과 경험을 나눌 수 있는 사람이다.
＊평생친구 friend for a lifetime

11 하이킹 같은 야외활동은 사람들이 살을 빼는데 도움이 될 수 있다.
＊야외활동 outdoor activity

12 비록 장학금 수여 조건을 충족했지만, 나는 추가적인 재정적 도움이 필요했다.
＊추가적인 additional ＊재정적 financial

13 나는 많은 군중들 앞에서 말하는 것을 두려워해서 스피치 강의를 들었다.
＊많은 군중 large crowd ＊~앞에서 in front of

14 나는 문화를 직접 경험하기 위해 다른 나라들을 방문한다.
＊문화 culture

15 다른 학생들을 따라잡기 위해, 나는 교수님께 많은 질문을 했다.
＊A에게 B를 질문하다 ask A B

16 대학 졸업 후에, 나는 아무런 취직 제의를 받지 못해 매우 스트레스를 받았다.
＊취직 제의 job offer

17 활동적인 생활방식을 갖는 것은 신체 건강을 유지하는 최상의 방법이다.
＊활동적인 생활방식 active lifestyle ＊최상의 방법 the best way

18 내가 대학입학 시험을 잘 본다면, 대학으로부터 장학금을 받을 자격이 될 것이다.
＊대학입학 시험 college entrance exam ＊잘 하다 do well

🎧 *Track 4* 정답 p.320

인물과 사건에 관련된 표현에 이어, 이번에는 나와 관련된 '물건'이나 '장소'에 관해 말할 때 쓸 수 있는 표현들을 익혀보자. 나에게 중요하고 의미 있는 물건이나, 추천하고 싶은 여행지 등을 묻는 문제에서 주로 사용할 수 있다.

🎧 *Track 5*

1 의미 있는 선물
a meaningful gift

의미 있는 선물을 주고 받는 것은 삶을 더 가치 있게 만든다.
Giving and receiving **meaningful gifts** make life more worthwhile.
＊가치가 있는 worthwhile

2 경치 좋은 장소
a scenic spot

이 사진들은 내가 한국에서 가장 좋아하는 한강 부근의 경치 좋은 장소를 보여준다.
These photographs show my favorite **scenic spot** in Korea, by the Han River.

3 나에게 큰 의미를 가지다
mean a lot to me

부모님이 내가 옳은 결정을 하리라 믿어 주셨다는 사실은 나에게 큰 의미를 가진다.
The fact that my parents trusted me to make the right decision **means a lot to me**.
＊결정하다 make a decision

4 다양한 문화
diverse cultures

나는 다양한 문화를 가진 곳이 여행자들에게 많은 것들을 제공한다고 믿는다.
I believe that places with **diverse cultures** have a lot to offer travelers.

5 최첨단 도시
a cutting-edge city

초고속 인터넷 연결망으로, 도쿄는 최첨단 도시로 알려져 있다.
With its high-speed Internet connections, Tokyo is known as **a cutting-edge city**.
＊인터넷 연결망 Internet connection

Chapter 1

Chapter 2

Chapter 3

Chapter 4

Chapter 5

Chapter 6

⑥ 혼잡한 거리
bustling streets

파리는 혼잡한 거리와 밤의 유흥으로 유명하다.
Paris is known for its **bustling streets** and nightlife.
＊(환락가의) 밤의 유흥 nightlife

⑦ 할인해 주다
give discounts

휴일 전후에는, 거의 모든 상점들이 할인을 해준다.
Before and after the holidays, almost every shop **gives discounts**.

⑧ 대안책
an alternative

몇 달간 여행을 하는 것은 졸업 후 바로 일을 시작하는 것에 대한 대안책이다.
Traveling for a few months is **an alternative** to starting work right after graduation.

⑨ 오염된 도시
a pollution-filled city

멕시코시티는 전 세계에서 가장 오염된 도시들 중 하나이다.
Mexico City is one of the most **pollution-filled cities** in the entire world.
＊-으로 가득찬 -filled

⑩ 편리한 도구
a convenient tool

인터넷은 속도와 도달 범위 때문에 조사에 편리한 도구이다.
The Internet is **a convenient tool** for research, due to its speed and reach.
＊도달 범위 reach

⑪ ~에 대한 안목이 있다
have an eye for

영화에 대한 안목이 있는 내 친구는 *JFK*라는 영화를 추천해 주었다.
My friend, who **has an eye for** movies, recommended *JFK*.

⑫ **개인 소지품**
personal belongings

대부분의 개인 소지품을 기숙사에 보관할 수 있다.
You can keep most of your **personal belongings** in the dorms.

⑬ **정서적인 가치**
sentimental value

그 반지는 내가 할머니께 받은 마지막 선물이기 때문에 정서적인 가치가 있다.
The ring has **sentimental value** because it was the last gift I received from my grandmother.

⑭ **훼손되지 않은 자연**
unspoiled wilderness

나는 대도시보다 훼손되지 않은 자연 속에서 휴식을 취하는 것을 좋아한다.
I'd love to relax in the **unspoiled wilderness**, rather than in big cities.

⑮ **유대감을 형성하는 장소**
a place to bond

동아리는 다른 학생들과 유대감을 형성하기에 좋은 장소이다.
Clubs are good **places to bond** with other students.

⑯ **명문 대학**
a prestigious college

이 명문 대학은 조용한 언덕으로 둘러싸인 작은 마을에 위치해 있다.
This **prestigious college** is located in a small town, surrounded by quiet hills.
＊~에 위치하다 be located in ＊~로 둘러싸인 surrounded by

⑰ **많은 기능을 가지다**
have many functions

칼슘은 뼈의 발육과 보존을 포함한 많은 기능을 가지고 있다.
Calcium **has many functions**, including developing and maintaining bones.
＊발육(발달)시키다 develop ＊보존(유지)하다 maintain

Chapter 1

Chapter 2

Chapter 3

Chapter 4

Chapter 5

Chapter 6

⑱ **가공 식품**
processed foods

어떤 과학자들은 흰 빵과 같은 가공 식품이 건강에 해롭다고 말한다.
Some scientists say that **processed foods**, for example, white bread, are unhealthy.

⑲ **옛날 방식의 / 시대에 뒤떨어진**
old-fashioned

인터넷의 도래로 인해, 도서관에서 자료를 찾는 것은 옛날 방식으로 간주된다.
Due to the advent of the Internet, it's considered **old-fashioned** to search for data at a library.
＊도래, 출현 advent   ＊A가 B로 간주되다 A is considered B

⑳ **소중한 교훈을 주다**
offer a valuable lesson

모든 우화는 독자들에게 소중한 교훈을 준다.
Every fable **offers a valuable lesson** to its readers.
＊우화 fable

㉑ **실습 / 실용 학습**
practical study

인턴쉽과 같은 실습은 학생들에게 소중한 경험을 할 수 있게 해준다.
Practical study, such as an internship, allows students to get valuable experience.

㉒ **식사를 준비하다**
prepare a meal

아이들은 엄마가 식사를 준비하는 것을 도와야 한다.
Children should help their mothers **prepare meals**.

다음 문장을 영어로 말해보세요.

1 런던이나 도쿄 같은 최첨단 도시들은 많은 관광객을 끌어들인다.
＊관광객 tourist　＊끌어들이다 attract

2 그래프는 많은 개념들을 이해하는데 편리한 도구이다.
＊개념 concept

3 내 목걸이는 우리 할머니 것이었기 때문에 나에게 큰 의미를 가진다.
＊목걸이 necklace

4 돈을 절약할 수 있는 대안책은 매일 점심을 싸오는 것이다.
＊~의 돈을 절약시키다 save someone money　＊점심을 싸다 pack lunches

5 현대의 휴대폰은 mp3 플레이어와 카메라 같은 많은 기능을 가지고 있다.
＊현대의 modern　＊휴대폰 cell phone

6 몇몇 작은 상점들은 고객들이 현금으로 지불하면 할인을 해준다.
＊작은 상점 small vendor　＊현금으로 지불하다 pay in cash

7 그 스웨터는 어머니가 나를 위해 몸소 만드셨기 때문에 의미 있는 선물이었다.
＊몸소, 스스로 oneself

8 의대생들은 의사가 되기 전에 실습이 필요하다.
＊의대생 student of medicine

9 이 책은 내가 좋아하는 선생님을 생각나게 하므로 정서적인 가치가 있다.
＊A에게 B를 생각나게 하다 remind A of B

Chapter 1

Chapter 2

Chapter 3

Chapter 4

Chapter 5

Chapter 6

10 폭포는 사진 찍기에 완벽한 경치 좋은 장소이다.
＊폭포 waterfall ＊사진 찍기 picture taking

11 명문 대학 졸업생은 고소득의 직업을 갖게 될 가능성이 있다.
＊고소득의 high-paying ＊(직업을) 얻다 land ＊~할 가능성이 있다 be likely to

12 나는 외국으로 여행을 하며 다양한 문화의 사람들을 만나는 것을 좋아한다.
＊외국 foreign country

13 많은 가공 식품들은 비위생적인 공장에서 만들어진다.
＊비위생적인 unhygienic ＊공장 factory

14 특히 혼잡한 지역에서는, 손이 닿는 곳에 개인 소지품을 두는 것이 중요하다.
＊혼잡한 지역 crowded area ＊손이 닿는 곳에 within reach

15 그 소설 속 주인공의 운명은 우리에게 소중한 교훈을 주었다.
＊주인공 main character ＊운명 fate

16 오염된 도시에서 사는 많은 사람들은 건강상의 문제를 호소한다.
＊(고통, 병)을 호소하다 complain about

17 그 국립공원은 미국에 몇 개 남지 않은 훼손되지 않은 자연 중의 하나이다.
＊국립공원 national park ＊몇 개 남지 않은 few ~ left

18 뉴욕시의 혼잡한 거리는 관광객들이 꼭 봐야 하는 것이다.
＊꼭 봐야 하는 것 must-see

🎧 *Track 6* 정답 p.321

실전익히기

I. 아웃라인 잡기

하나의 토픽에 대한 개인의 의견을 묻는 질문을 받고 준비시간 15초 동안 자신이 말할 내용에 대한 아웃라인을 잡는다. 나의 의견을 결정하고, 이에 대한 이유와 구체적 근거를 간단히 적는다.

아웃라인

나의 의견

• 이유 1
  – 구체적 근거
• 이유 2
  – 구체적 근거

아웃라인 잡는 법

① 나의 의견을 정한다

자신에게 가장 익숙하고 배경지식이 많은 것을 나의 의견으로 정한다. 짧은 시간 안에 답안의 내용을 구상하기 위해서는, 아이디어가 충분히 떠오르는 것을 의견으로 채택한다.

② 의견을 뒷받침할 이유 두 가지를 생각해낸다

이유는 두 가지 정도가 적당하며 이유에 대한 구체적 근거를 들어야 하므로 가능하면 너무 세부적인 내용은 피하도록 한다.

③ 이유에 대한 구체적 근거를 제시한다

근거에는 이유에 대한 구체적 설명과 예가 포함된다. 말을 듣는 상대방의 머리 속에 그림이 그려질 수 있도록 자세하고 상세한 근거를 제시해야 의견이 효과적으로 뒷받침될 수 있다.

Advanced Course

Chapter 1
Chapter 2
Chapter 3
Chapter 4
Chapter 5
Chapter 6

아웃라인의 예

> Describe the country you would most like to visit and explain why. Include details and examples to support your explanation.
>
> 가장 가고 싶은 나라를 말하고 그 이유를 설명하세요. 구체적인 설명과 예를 들어 답하세요.

❶ 나의 의견, 즉 가장 가고 싶은 나라를 정한다.

❷ 그 나라에 가고 싶은 두 가지 이유를 생각해낸다.

❸ 각 이유에 대한 예와 설명을 구체적 근거로 제시한다.

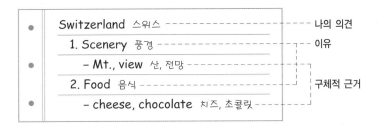

1. 생각이나 경험한 적이 없는 예상 밖의 질문이 나온다면, 당황하지 말고 가상으로라도 이야기를 구상한다. 정답이 정해 져 있는 문제가 아니므로, 반드시 사실에만 기초하여 아웃라인을 작성하려고 애쓰지 않아도 된다.

2. 15초라는 짧은 시간 동안 주제에 대한 아이디어를 내기가 쉽지 않으므로, 평소에 여러 가지 주제에 대한 브레인스토밍 을 많이 하면, 실제 시험에서 아웃라인을 작성하는데 도움이 된다.

다음 질문에 답하기 위한 아웃라인을 작성해 보세요.

1. 🎧 *Track 7*

What is the most important holiday in your country? Why do you think it is so important? Include details and examples to support your explanation.

Outline ✏️

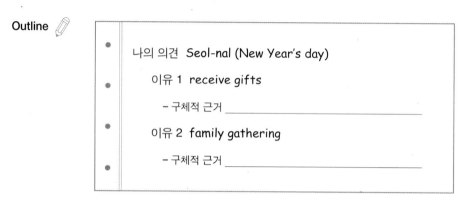

나의 의견 Seol-nal (New Year's day)

이유 1 receive gifts

– 구체적 근거 _____

이유 2 family gathering

– 구체적 근거 _____

2. 🎧 *Track 8*

Describe your favorite method of staying healthy, and explain why it is good for you. Include details and examples to support your explanation.

Outline ✏️

나의 의견 Regular exercise

이유 1 produce endorphins

– 구체적 근거 _____

이유 2 _____

– 구체적 근거 _____

정답 p.322

Chapter 1

Chapter 2

Chapter 3

Chapter 4

Chapter 5

Chapter 6

3. *Track 9*

What is your favorite movie genre? Explain why it is your favorite. Include details and examples to support your explanation.

Outline

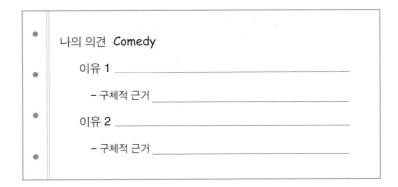

나의 의견 *Comedy*

이유 1 _____

－구체적 근거 _____

이유 2 _____

－구체적 근거 _____

4. *Track 10*

Describe an influential role model in your life. Explain why you respect this person. Include specific details and examples in your explanation.

Outline

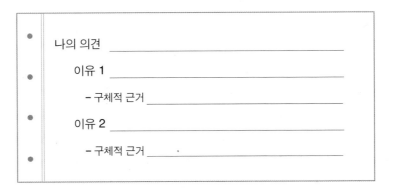

나의 의견 _____

이유 1 _____

－구체적 근거 _____

이유 2 _____

－구체적 근거 _____

정답 p.322

II. 아웃라인 보고 말하기

아웃라인을 작성했으면 그 내용을 바탕으로 45초 동안 답안을 말하면 된다. 먼저 나의 의견을 말하고, 그렇게 생각하는 이유를 구체적 근거를 들어 설명한다.

1. 나의 의견 말하기

질문에 대한 나의 의견을 처음에 바로 밝히는 것이 좋다. 기본적으로 질문에 나온 말을 이용하면 답안을 시작하기가 쉽고 무리가 없다.

나의 의견 말하기의 예

Q Describe the country you would most like to visit and explain why. Include details and examples to support your explanation.

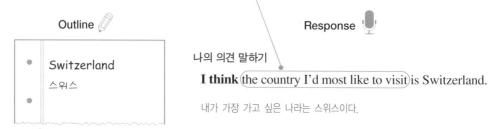

Outline ✏️

- Switzerland
  스위스

Response 🎤

나의 의견 말하기

I think the country I'd most like to visit is Switzerland.

내가 가장 가고 싶은 나라는 스위스이다.

의견 말하기에 쓰이는 표현

의견 말하기를 시작하는데 사용할 수 있는 표현들을 이용해, 나의 의견을 효과적으로 전달할 수 있다.

> 1. I think/believe/feel that ~: 나는 ~라고 생각한다
> 2. In my opinion: 내 생각에
> 3. If I have a chance, I would like to ~: 기회가 된다면, 나는 ~하고 싶다
> 4. When it comes to: ~에 관해서라면
> 5. As far as I'm concerned: 나에게 관한 한

Tips

속담이나 격언 등을 제시하면서 답안을 시작하면 좀 더 창의적이고 독특한 인상을 남길 수 있다.

ex) As they say "One picture is worth a thousand words", the only way to learn about a country is to visit it yourself.

"백문이 불여일견"이라는 말이 있듯이, 한 나라에 대해 배우는 유일한 방법은 직접 그 나라를 방문하는 것이다.

2. 이유 말하기

나의 의견을 밝혔으면, 이를 뒷받침할 이유를 두 가지 정도 제시한다. 먼저 이유 문장을 말한 뒤, 예시나 부연 설명을 이용한 구체적 근거를 덧붙여 자세하고 이해하기 쉬운 설명이 되도록 한다.

이유 말하기의 예

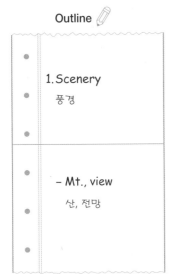

Outline

1. Scenery
   풍경

   – Mt., view
   산, 전망

Response

이유 1 말하기

First of all, the scenery in Switzerland is extremely beautiful.

무엇보다도, 스위쇼의 풍경은 매우 아름답다.

구체적 근거 말하기

In particular, I want to hike up the mountains and enjoy the view from the top. It is sure to be spectacular.

특히, 나는 산에 올라 정상에서 전망을 즐기고 싶다. 그것은 분명 장관일 것이다.

이유 말하기에 쓰이는 표현

이유 문장과 구체적 근거 말하기에 사용할 수 있는 표현들을 이용해, 답안의 문장을 다양하게 표현해 볼 수 있다.

1. First [First of all]: 첫째로 [무엇보다도]
2. Second: 두 번째로
3. In particular: 특히
4. In addition / Moreover: 게다가 / 덧붙여서
5. Not only that, but (also) ~: 그뿐만 아니라, ~도 (역시)

이유 말하기를 마치고도 시간이 남았다면, 전체 내용을 정리할 수 있는 간단한 말로 답안을 깔끔하게 마무리할 수 있다.

ex) In conclusion, I'd love to go to Switzerland to enjoy a variety of foods and relax in a pleasant location.
결론적으로, 나는 스위스에 가서 다양한 음식을 즐기고 쾌적한 장소에서 휴식을 취하고 싶다.

Chapter 1
Chapter 2
Chapter 3
Chapter 4
Chapter 5
Chapter 6

실제 STEP별 샘플

Question Track 11

> Describe the country you would most like to visit and explain why. Include details and examples to support your explanation.

Step 1 아웃라인 잡기

① describe the country　　　　　　: 내가 가고 싶은 나라 → 스위스
② explain why　　　　　　　　　　: 가고 싶은 이유 → 1. 풍경 / 2. 음식
③ include details and examples : 구체적 근거 → 산, 전망 / 치즈, 초콜릿

```
• │ Switzerland
  │   1. Scenery
• │     – Mt., view
  │   2. Food
• │     – cheese, chocolate
```

Step 2 아웃라인 보고 말하기 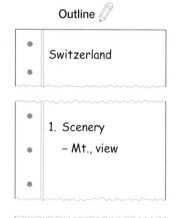 Track 11

Outline ✎	Response 🎤
Switzerland	**나의 의견 말하기** I think the country I'd most like to visit is Switzerland.
1. Scenery 　– Mt., view	**이유 1 말하기** First of all, the scenery in Switzerland is extremely beautiful. In particular, I want to hike up the mountains and enjoy the view from the top. It is sure to be spectacular.
2. Food 　– cheese, chocolate	**이유 2 말하기** Second, I'd like to try some of Switzerland's unique foods. I'd love to taste their world-famous cheeses, such as Swiss cheese. In addition, I want to sample their many kinds of chocolate, which is one of my favorite foods.

Chapter 1

Chapter 2

Chapter 3

Chapter 4

Chapter 5

Chapter 6

해석

Question

가장 가고 싶은 나라를 말하고 그 이유를 설명하세요. 구체적인 설명과 예를 들어 답하세요.

Response

내가 가장 가고 싶은 나라는 스위스이다.

무엇보다도, 스위스의 풍경은 매우 아름답다. 특히, 나는 산에 올라 정상에서 전망을 즐기고 싶다. 그것은 분명 장관일 것이다.

두 번째로, 나는 스위스의 독특한 음식을 먹어보고 싶다. 스위스 치즈처럼 세계적으로 유명한 치즈를 맛보고 싶다. 게다가, 내가 좋아하는 스위스의 초콜릿을 다양하게 맛보고 싶다.

어휘   hike[haik] 하이킹하다, 도보 여행하다   spectacular[spektǽkjulər] 장관의   sample[sǽmpl] 시식하다

Hackers Practice

다음 아웃라인을 보고 문장으로 발전시켜 말해 보세요.

1. 🎧 **Track 12**

What do you consider your most important achievement? Explain why you are proud of it. Use details and examples in your explanation.

Outline 🖉

| scholarship for college |
| 대학 장학금 |

| 1. product of hard work |
| – 8 hrs at library |
| 1. 열심히 공부한 성과 |
| – 도서관에서 8시간 |

| 2. help financially |
| – ease parents' load |
| 2. 재정적으로 도움 |
| – 부모님의 짐을 덜어드림 |

Response 🎤

나의 의견 말하기

I consider ① _____ to be my most important achievement.

나는 대학의 장학금을 받았던 것을 나의 가장 중요한 업적이라고 생각한다.

이유 1 말하기

② _____. In order to meet the scholarship requirements, ③ _____ _____, researching multiple projects and studying for exams.

무엇보다도, 그것은 열심히 공부한 성과였다. 장학금 수여 조건을 충족시키기 위해, 나는 하루에 8시간을 도서관에서 보내면서, 여러 프로젝트를 조사하고 시험공부를 했다.

이유 2 말하기

Another reason for choosing this as my proudest accomplishment is that, for the first time, ④ _____ _____. I knew that tuition would be a burden for my parents. Earning the scholarship has helped to ⑤ _____ _____.

이것을 나의 가장 자랑스런 업적이라고 선택한 또 다른 이유는, 처음으로 내가 부모님을 재정적으로 도울 수 있었기 때문이다. 난 등록금이 부모님께 부담이 될 것을 알았다. 장학금을 탐으로써 부모님의 짐을 덜어드릴 수 있었고, 그래서 난 그것이 매우 자랑스럽다.

🎧 **Track 12** 정답 p.323

Chapter 1

Chapter 2

Chapter 3

Chapter 4

Chapter 5

Chapter 6

2. 🎧 *Track 13*

Choose a place in your home country that you would recommend that a foreign friend visit. Why is that place a must-see? Include details and examples to support your explanation.

Outline 🖉	Response 🎤
	나의 의견 말하기
• Seoul, Korea • 대한민국, 서울	In my home country, South Korea, ① _____ my foreign friend visit Seoul. 우리나라 대한민국에서, 나는 내 외국인 친구에게 서울을 방문해보라고 추천하고 싶다.
	이유 1 말하기

• 1. represent country
  – experience
    culture
 	
• 1. 나라를 대표
  – 문화 경험
	First, ② _____ _____. This vibrant city is an ideal place for foreigners ③ _____.
	
	첫째로, 서울은 수도이므로, 나라 전체를 대표한다. 이 활기찬 도시는 외국인들이 한국 문화를 직접적으로 경험하기에 이상적인 곳이다.

	이유 2 말하기

• 2. entertainment
  – many activities,
    museum
 	
• 2. 오락 활동
  – 다양한 활동,
    박물관
	Also, ④ _____ _____. It has many activities to keep visitors busy and amused, like malls, theaters, and restaurants. Moreover, ⑤ _____ _____.
	
	또한, 오락활동에 관해서라면, 서울은 한국에서 최고의 장소이다. 서울에는 상점, 극장, 그리고 식당같이 방문객들을 분주하고 즐겁게 해주는 다양한 활동요소가 많다. 게다가, 한국의 전통과 역사에 대해 배우고 싶어하는 사람들을 위한 국립 박물관들도 있다.

🎧 *Track 13* 정답 p.323

3. ◠ *Track 14*

Describe your favorite food from your native country, and explain why it's your favorite. Include details and examples to support your explanation.

Outline ✎	Response 🎤

Response 🎤

나의 의견 말하기

Kim-chi fried rice
김치 복음밥

① _____ is kim-chi fried rice.

내가 가장 좋아하는 한국 음식은 김치 복음밥이다.

이유 1 말하기

1. delicious
   – traditional
     Korean spices

1. 맛있음
   – 전통적인 한국 양념

As its name suggests, kim-chi fried rice is ② _____
_____, yet it's delicious.
③ _____ it uses traditional
Korean spices.

이름에서 알 수 있듯이, 김치 복음밥은 김치를 넣은 복음밥에 지나지 않지만, 맛이 좋다. 김치 복음밥은 전통적인 한국 양념을 쓰기 때문에, 나는 이 음식을 매우 좋아한다.

이유 2 말하기

2. easy to make
   – simple
     ingredients

2. 만들기 쉬움
   – 간단한 재료

Also, kim-chi fried rice is very easy to make. ④ _____
_____; all you need is kim-chi, rice, some
vegetables, and an egg. In addition, ⑤ _____
_____, just add whatever ingredients you like.
⑥ _____
_____.

또한, 김치 복음밥은 굉장히 만들기 쉽다. 많은 재료를 필요로 하지 않아서, 김치, 밥, 야채 조금, 그리고 계란만 있으면 된다. 게다가, 조금 변화를 주고 싶으면, 좋아하는 재료를 아무거나 넣기만 하면 된다. 이러한 이유로 김치 복음밥은 내가 가장 좋아하는 음식이다.

◠ *Track 14* 정답 p.324

Chapter 1

Chapter 2

Chapter 3

Chapter 4

Chapter 5

Chapter 6

4. 🎧 **Track 15**

Choose the most important room in your house and explain why it's important to you. Include specific details and examples in your explanation.

Outline ✏️

- living room

- 거실

- 1. family bonding
   - talk, watch TV

- 1. 가족 유대
   - 대화, TV 시청

- 2. comfortable
   - relax, take
      break

- 2. 편안함
   - 편히 쉼, 휴식

Response

나의 의견 말하기

As far as I'm concerned, ① _____

_____ .

나에게 관한 한, 우리 집에서 가장 중요한 방은 거실이다.

이유 1 말하기

② _____

_____ . At night, after every member gets back

from either work or school, ③ _____

_____ .

한 가지 중요한 이유는 거실이 우리 가족의 유대장소이기 때문이다. 밤에, 모든 가족이 학교나 직장에서 돌아오고 나면, 우리는 그날의 일과를 이야기하고 함께 TV를 본다.

이유 2 말하기

④ _____

_____ . It provides a place for me to relax and rest. In fact,

⑤ _____

_____ .

게다가, 거실은 집에서 가장 편안한 장소이다. 거실은 나에게 편히 쉴 장소를 제공한다. 실제로, 우리 가족 모두는 공부와 일에서 벗어나 휴식을 취하기 위해 거실을 사용한다.

🎧 **Track 15** 정답 p.324

5. ◉ *Track 16*

Describe an important friend in your life. Why is this person significant to you? Include details and examples to support your explanation.

Outline ✏	Response 🎤

나의 의견 말하기

Lifetime friend

평생 친구

It's difficult to choose just one friend, ① _____

_____ .

친구를 단 한 명만 고르기는 어렵다. 그러나 내가 평생 친구라고 자신 있게 말할 수 있는 사람이 있다.

이유 1 말하기

1. duration
   - since young

1. 기간
   - 어렸을 때부터

First, the duration of our relationship shows how important this person is to me. ② _____

_____ . ③ _____

_____ .

첫째로, 우리가 친구로 지낸 기간이 그가 나에게 얼마나 중요한 사람인가를 보여준다. 그는 어렸을 때부터 내 친구였다. 그래서, 우리는 같은 학교를 다니며 함께 여러 활동을 했다.

이유 2 말하기

2. respect – mentor
   - sympathize,
     advice

2. 조언자로서 존경
   - 공감해줌, 충고

④ _____ , although we are the same age, I respect him as a mentor. ⑤ _____

_____ . ⑥ _____

_____ .

그가 나에게 중요한 또 다른 이유는, 우리가 같은 나이임에도 불구하고 내가 그를 조언자로 서 존경하기 때문이다. 나는 문제가 생길 때마다, 그에게 도움을 구할 수 있다. 그는 항상 내 곁에서 공감을 해주고 조언을 해준다.

◉ *Track 16* 정답 p.325

Chapter 1

Chapter 2

Chapter 3

Chapter 4

Chapter 5

Chapter 6

6. 🎧 *Track 17*

What is the most meaningful gift you have ever received? Why is that gift special to you? Please include specific details and examples in your explanation.

Outline ✏️

● **Watch**

● 시계

● **1. practical**
   - anytime/ anywhere, special features

● 1. 실용적
   - 언제, 어디서나
   특수 기능

● **2. sentimental value**
   - grandpa's love

● 2. 정서적인 가치
   - 할아버지의 사랑

Response 🎤

나의 의견 말하기

_____

_____.

내가 받아본 가장 의미 있는 선물 중 하나는 할아버지에게 받은 시계였다.

이유 1 말하기

_____

_____. _____

_____

_____.

첫 번째 이유는 시계가 여러 가지 실용적인 용도가 있기 때문이다. 나는 언제 어디서나 시계를 차고 다닐 수가 있다. 또한 시계는 알람이나 스톱워치 같은 많은 특수 기능들을 가지고 있다.

이유 2 말하기

_____

_____. _____

_____

_____. _____

_____.

내가 이 선물을 매우 좋아하는 또 다른 이유는 정서적인 가치 때문이다. 할아버지께서 내게 졸업 선물로 주셨기 때문에 그것은 나에게 큰 의미를 가진다. 그 시계를 볼 때마다 나는 할아버지의 사랑을 생각한다.

🎧 *Track 17* 정답 p.325

Hackers **Test**

다음 질문에 아웃라인을 작성하고 문장으로 발전시켜 말해 보세요.

1. 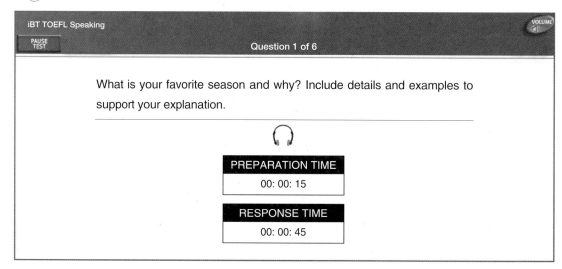 **Track 18**

iBT TOEFL Speaking

PAUSE
TEST

Question 1 of 6

What is your favorite season and why? Include details and examples to support your explanation.

PREPARATION TIME
00: 00: 15

RESPONSE TIME
00: 00: 45

Outline

Response

Track 18 정답 p.326

Chapter 1

Chapter 2

Chapter 3

Chapter 4

Chapter 5

Chapter 6

2. *Track 19*

iBT TOEFL Speaking

PAUSE
TEST

Question 1 of 6

VOLUME

Describe the most memorable place you have ever visited and explain why that place is special to you. Include details and examples to support your explanation.

PREPARATION TIME

00: 00: 15

RESPONSE TIME

00: 00: 45

Outline ✏

Response 🎙

Track 19 정답 p.326

3. 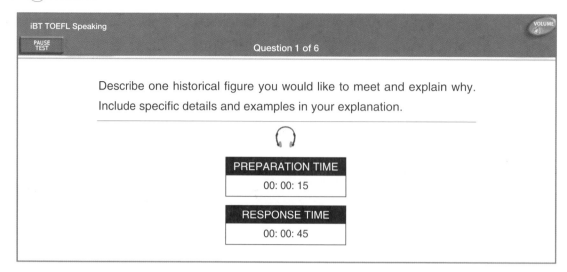 *Track 20*

Describe one historical figure you would like to meet and explain why.
Include specific details and examples in your explanation.

PREPARATION TIME

00: 00: 15

RESPONSE TIME

00: 00: 45

Outline

Response

Track 20 정답 p.327

4. 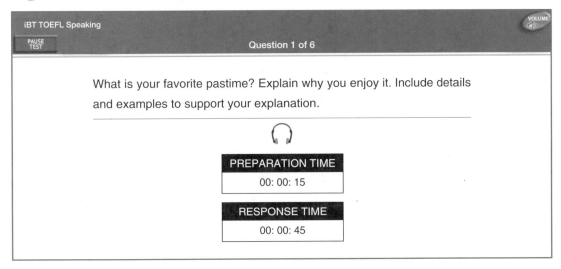 **Track 21**

PAUSE TEST

What is your favorite pastime? Explain why you enjoy it. Include details and examples to support your explanation.

PREPARATION TIME
00: 00: 15

RESPONSE TIME
00: 00: 45

Outline

Response

Track 21 정답 p.328

www.goHackers.com

Chapter 2

Q2 둘 중 선호하는 것 말하기

Introduction

Overview

2번 문제는 주어진 두 가지 선택사항 중에 어느 것을 선호하는지를 답하는 문제이다. 학교 생활이나 일상 생활에 대한 토픽이 질문에서 주어진다.

테스트 진행 방식

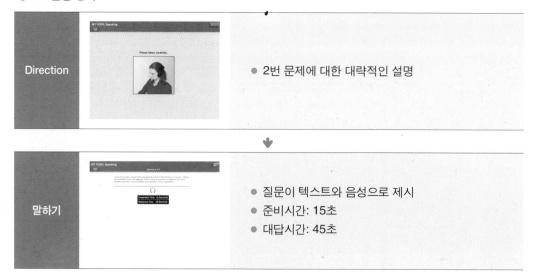

기출문제

- 집과 도서관 중 공부하기에 더 좋은 곳은 어디인가?
- 컴퓨터는 우리 생활에 긍정적인 영향을 미쳤는가, 부정적인 영향을 미쳤는가?
- 여분의 돈이 생긴다면 바로 쓸 것인가, 저축을 할 것인가?
- 룸메이트와 함께 사는 것이 좋은가, 혼자 사는 것이 좋은가?
- 아이들의 TV 시청을 통제해야 하는가, 자유롭게 두어야 하는가?
- 일정이 정해진 여행과 자유 여행 중 어느 것을 더 선호하는가?
- 학교는 교과과정에 예술을 포함시켜야 하는가, 학술 과목에만 집중해야 하는가?
- 여가 시간에 책이나 잡지를 읽겠는가, TV나 영화를 보겠는가?
- 직업 선택 시 임금과 적성 중 무엇이 우선시 되어야 하는가?
- 그룹 학습과 개인 학습 중 어느 것이 학생들에게 더 효율적인가?

Chapter 1

Chapter 2

Chapter 3

Chapter 4

Chapter 5

Chapter 6

질문의 핵심 포인트

질문에서는 먼저 자신이 선호하는 한가지를 고르고, 이를 선택한 이유를 설명할 것을 요구한다.

> **선택 (which)** 둘 중 내가 선호하는 것 말하기
>
> **이유 (why)** 나의 선택에 대한 이유를 구체적 설명이나 예를 포함하여 말하기

질문의 예

나의 선택

Some college students live in dormitories. Others live off campus. **Which place do you think is**

better for students to live and **why**? Include **details and examples** in your explanation.

이유   구체적 근거

어떤 대학생들은 기숙사에서 살고 다른 학생들은 캠퍼스 밖에서 삽니다. 학생들이 살기에 어느 곳이 더 좋다고 생각합니까?
그 이유를 구체적인 설명과 예를 들어 답하세요.

Step별 문제풀이 전략

STEP 1 아웃라인 잡기

● 질문에 대한 나의 선택과 그에 대한 이유를 간단히 적는다. 구체적인 설명과 예를 함께 적는다.

STEP 2 아웃라인 보고 말하기

● 나의 선택 말하기: 질문의 표현을 이용하여 나의 선택을 말한다.

● 이유 말하기: 선택한 쪽의 장점이나 선택하지 않은 쪽의 단점을 들어서 이유를 설명하고, 구체적인 설명
  이나 예시를 들어 뒷받침한다. 이유 말하기에서 사용할 수 있는 표현들을 익혀 다양한 문장을 구사한다.

기본다지기

I. 유형별 표현 – 선택, 이유 말하기 표현

2번 문제는 두 가지 대조적인 상황에 대한 개인적인 선호도를 말하는 문제이다. 따라서 두 가지를 비교하거나 대조함으로써 내가 선택한 것을 설득력 있게 전달할 수 있는 표현들을 익힌다. 나의 선택을 뒷받침하는 이유와 구체적 근거를 효과적으로 제시하기 위해 쓸 수 있는 표현들도 함께 정리한다.

1. 선택을 말할 때 쓸 수 있는 표현 🎧 *Track 1*

① 나는 B보다 A를 선호한다
I prefer A to B

나는 새 교과서에 돈을 쓰는 것 보다 헌 교과서를 사는 것을 선호한다.
I prefer buying used textbooks **to** paying for new ones.

② A가 B보다 더 낫다
A is better than B

나는 아파트가 관리하기 더 수월하므로 주택보다 더 낫다고 생각한다.
I think apartments **are better than** houses because they require less maintenance.
＊관리, 유지 maintenance

③ A와 B 중에서 선택하라면, 나는 ~를 선택하겠다
Given the choice between A and B, I would choose ~

독서와 영화감상 중에서 선택하라면, 나는 독서를 선택하겠다.
Given the choice between reading books **and** watching movies, **I would choose** reading.

④ 내 경우에는
In my case

어떤 사람들은 기숙사에 사는 것을 좋아하지 않는다. 내 경우에는, 그때가 내 생애 최고의 해였다.
Some people don't like living in the dorms. **In my case**, it was the best year of my life.

Basic Course

Chapter 1
Chapter 2
Chapter 3
Chapter 4
Chapter 5
Chapter 6

❺ 내 [개인적인] 경험으로 보면
From my [personal] experience

내 경험으로 보면, 나와 스케줄이 다른 룸메이트와 함께 사는 것은 힘들다.
From my experience, it's hard to live with a roommate who is on a different schedule from me.

❻ 개인적으로
Personally

도서관에서 일을 하면서 개인적으로 많은 것을 배웠다.
Working at the library taught me, **personally**, a lot.

❼ 나로서는 / 나에 관한 한은
For me / As for me

나로서는, 미국 영화를 보는 것이 영어 공부를 하는 좋은 방법이다.
For me, watching American movies is a good way to study English.

2. 이유를 말할 때 쓸 수 있는 표현 🎧 *Track 1*

❽ 첫 번째 (이유)는 ~ 때문이다
The first (reason) is that ~

첫 번째 이유는 아이들이 여름 캠프에서 재미있게 지낼 수 있기 때문이다.
The first reason is that children can have fun at summer camp.

❾ 이것이 ~하는 이유이다
This is the reason why ~

나는 색다른 장소를 좋아한다. 이것이 내가 교환학생 프로그램에 참여하려고 결심한 이유이다.
I love exotic places. **This is the reason why** I chose to participate in an exchange program.
*색다른, 이국적인 exotic *~에 참여하다 participate in

⑩ **~하는 몇 가지 이유가 있다**
Here are some reasons why ~

도시의 대학이 작은 마을의 대학보다 더 편리하다고 생각하는 몇 가지 이유가 있다.
Here are some reasons why I think urban universities are more convenient than small-town ones.
＊도시의 urban

⑪ **자세히 말하자면**
To be specific

흡연은 건강에 해롭다. 자세히 말하자면, 흡연은 폐암에 걸릴 확률을 더 높인다.
Smoking is harmful to your health. **To be specific**, it makes you more likely to get lung cancer.
＊폐암 lung cancer

⑫ **예를 들어**
for example/instance

도서관에서 공부하는 것은 어려울 수 있다. 예를 들어, 떠드는 사람들이 학생들의 주의를 흩뜨릴 수 있다.
Studying at the library can be difficult. **For example**, other people's chatting can distract students.
＊주의를 흩뜨리다 distract

⑬ **그에 더하여**
On top of that

나는 긴장이 잘 풀리기 때문에 웨이트 운동보다 요가를 더 좋아한다. 그에 더하여, 요가는 다른 장비도 필요 없다.
I prefer yoga to weight-lifting because it is more relaxing. **On top of that**, it doesn't require any equipment.

⑭ **더욱이**
Furthermore / What's more

많은 대학생들은 미성년의 나이에 술을 마신다. 더욱이, 그들은 종종 집까지 음주운전을 한다.
Many college students drink while underage. **Furthermore**, they often drive home drunk.
＊미성년의 underage

⑮ **또한**
As well /Also

나는 새로운 음식을 먹어볼 수 있어서 외식을 좋아한다. 그것은 또한 분위기 전환도 된다.
I like eating out because I can try new dishes. It's a change of atmosphere, **as well**.
＊분위기 atmosphere

Chapter 1

Chapter 2

Chapter 3

Chapter 4

Chapter 5

Chapter 6

⑯ 반면에 / 대조적으로
In contrast

서양의 문화는 실용성을 강조한다. 반면에, 동양의 문화는 관계를 중시한다.
Western cultures emphasize practicality. **In contrast**, Eastern cultures put weight on relationships.

＊강조하다 emphasize　＊실용성, 실용주의 practicality　＊~을 중시하다 put weight on

⑰ 반대로 / 대조적으로
Conversely

반대로, 졸업생들은 곧바로 일을 시작하는 대신 여행을 가기로 결정할 수 있다.
Conversely, graduates can decide to go on a trip instead of starting work right away.

⑱ 그러나 ~와는 달리
However, unlike

대도시에 살면 돈이 많이 든다. 그러나 소도시와는 달리, 여러 가지 즐길 거리가 많다.
A big city costs a lot to live in. **However, unlike** a small town, it has a lot of entertainment options.

＊즐길 거리, 오락 entertainment

⑲ 다른 한편으로
On the other hand

유학을 통해 학생들은 새로운 문화를 접할 수 있다. 다른 한편으로, 그들은 종종 향수병에 걸린다.
Studying abroad can expose students to new cultures. **On the other hand**, they often get homesick.

＊A를 B에 노출시키다 expose A to B　＊향수병에 걸리다 get homesick

⑳ 이러한 점에서
In this sense

혼자 여행을 하면 스스로 조사를 해야 한다. 이러한 점에서, 그것은 학습에 매우 유익할 수 있다.
Traveling alone forces you to do your own research. **In this sense**, it can be valuable for learning.

＊매우 유익(유용)한 valuable

㉑ (모든 것을) 종합해 보면
All in all

종합해 보면, 나는 캠퍼스에서 사는 것이 1학년 학생들에게 더 낫다고 생각한다.
All in all, I believe living on campus is better for freshmen.

✓ Check-up

다음 문장을 영어로 말해보세요.

1 나는 신문이 더 많은 정보를 제공하기 때문에 잡지보다 신문을 더 좋아한다.
*정보를 제공하는 informative

2 가난한 사람들을 도울 수 있는 많은 방법이 있다. 예를 들어, 음식을 기부할 수 있다.
*있다, 존재하다 exist *기부하다 donate

3 수업을 빠지는 것은 나쁘다. 그러나 내 경우에는, 아팠기 때문에 정당했다.
*수업을 빠지다 miss classes *정당하다 be justified

4 개인적인 경험으로 보면, 스카이다이빙이 흥미롭다고 말할 수 있다.
*흥미로운 exiting

5 이메일은 편리하고 빠르다. 또한 전화로 대화하는 것보다 더 저렴하다.
*대화하다 communicate *전화로 by telephone

6 노트북은 가지고 다니기가 더 쉽다. 이러한 점에서, 노트북이 데스크톱보다 더 실용적이다.
*노트북 laptop *가지고 다니다 carry *실용적인 practical

7 점점 적은 수의 커플들이 결혼을 한다. 반대로, 점점 많은 사람들이 동거를 한다.
*동거하다 live together

8 나는 영어를 배우기 위해서는 외국에서 공부하는 것이 한국에서 공부하는 것 보다 더 낫다고 생각한다.
*외국에서 공부하다 study abroad

9 비디오 게임이 시간 낭비인 몇 가지 이유가 있다.
*시간 낭비 a waste of time

10 사립대학과 공립대학 중에서 선택하라면, 나는 공립대학을 선택하겠다.
*사립의 private *공립의 public

Chapter 1

Chapter 2

Chapter 3

Chapter 4

Chapter 5

Chapter 6

11 나는 공부를 너무 많이 하면 스트레스를 받는다. 이것이 내가 공원에 가는 이유이다.

*스트레스를 받다 get stressed out

12 많은 음료에는 다량의 설탕이 들어 있다. 그러나 탄산음료와는 달리, 주스는 영양가가 있다.

*음료 beverage *탄산음료 soda *영양가 nutritional value

13 그 돈이 있다면, 나는, 자세히 말하자면, 알래스카로 유람 항해를 가겠다.

*유람 항해하다 go on a cruise

14 대부분의 학생들은 쉬기 위해 방학을 이용한다. 반면에, 나는 다음 학기 예습을 하려고 노력한다.

*쉬다 relax *예습을 하다 work ahead

15 Sally는 토론과 체스 동아리에 참가한다. 그에 더하여, 매주 두 학생들을 지도한다.

*~에 참가하다 take part in *지도하다 mentor

16 많은 사람들은 집에서 영화를 보지만, 개인적으로 나는 극장에 가는 것을 더 좋아한다.

*영화 보러 (극장에)가다 go to the cinema

17 선생님들은 긴 수업에서 더 많은 내용을 다룰 수 있다. 다른 한편으로, 학생들은 지루해 할지도 모른다.

*내용을 다루다 cover material *지루해하다 get bored

18 춤을 배우는 것은 재미있다. 더욱이, 춤은 훌륭한 운동이다.

*운동 exercise

🎧 **Track 2** 정답 p.329

II. 주제별 표현1 - 대학생활 관련 표현

2번 문제의 배경이 되는 상황은 크게 대학생활과 일반생활로 나눌 수 있다. 토플이 대학 입학을 위한 시험이니만큼 대학생활과 관련된 주제가 문제에 많이 등장한다. 여기서는 먼저 대학생활과 관련된 이야기를 할 때 사용할 수 있는 표현들을 알아본다.

🎧 *Track 3*

❶ 적성에 맞다
fit one's interests

적성에 맞는 전공을 선택하는 것은 중요하다.
It's important to choose a major that **fits your interests**.

❷ 잠재력을 개발하다
develop one's potential

대학 지도교사들은 학생들이 잠재력을 개발하도록 도울 수 있다.
Academic mentors can help students **develop their potential**.
＊지도교사, 조언자 mentor

❸ 교사 중심 수업
a teacher-oriented class

어떤 교육자들은 교사 중심 수업이 효과적이지 않다고 주장한다.
Some educators argue that **teacher-oriented** classes are not effective.

❹ 사회적 인맥을 형성하다
build a social network

동아리나 학생단체에 가입하는 것은 사회적 인맥을 형성하는 좋은 방법이다.
Joining a club or student organization is a great way to **build a social network**.

❺ 지식을 넓히다
broaden one's knowledge base

다양한 책을 읽는 것은 학생들의 지식을 넓혀줄 것이다.
Reading a wide variety of books will **broaden students' knowledge base**.

⑥ 새로운 것을 시도하다

try new things

신입생들은 전공 외의 수업을 듣는 것과 같이 새로운 것을 시도하는 것을 두려워해서는 안 된다.
Freshmen shouldn't be afraid to **try new things**, like taking courses outside their major.

⑦ 토론을 장려하다

encourage discussion

교수들은 학생들에게 강의만 하기보다는 토론을 장려해야 한다.
Professors should **encourage discussion**, rather than just lecture at their students.

⑧ 스스로 학습하다

learn on one's own

스스로 학습하기 위해서는 동기 부여가 필요하다.
It is necessary to be motivated in order to **learn on your own**.
＊동기를 부여하다 motivate

⑨ 수업에 적극적으로 참여하다

actively participate in class

학생들은 질문을 많이 함으로써 수업에 적극적으로 참여할 수 있다.
Students can **actively participate in class** by asking many questions.

⑩ 생각을 표명하다

voice one's thoughts

어떤 사람들은 남들 앞에서 자신의 생각을 표명하는데 어려움이 있다.
Some people have a hard time **voicing their thoughts** in front of others.
＊~하는데 어려움이 있다 have a hard time ~ing

⑪ 시간이 많이 걸리는

time-consuming

인터넷이 도래하기 전에는 조사를 하는데 시간이 매우 많이 걸리곤 했다.
Doing research used to be very **time-consuming** before the advent of the Internet.
＊도래, 등장 advent

⑫ 학기 사이에
between terms

어떤 학생들은 대학 생활의 스트레스에서 벗어나기 위해 학기 사이에 짧은 여행을 다녀온다.
Some students take a short trip **between terms** to get away from the stress of college life.

⑬ 이해도를 확인하다
check understanding

학생들의 이해도를 확인하는데 있어 주관식 질문이 객관식 질문보다 더 낫다.
Subjective questions are better at **checking** students' **understanding** than objective ones.
＊주관적인 subjective   ＊객관적인 objective

⑭ 학업을 평가하다
evaluate one's work

교수들은 학생들의 학업을 평가하기 위해 시험과 숙제를 이용한다.
Professors use tests and assignments to **evaluate students' work**.

⑮ 교육 환경
a learning environment

훌륭한 교수들은 항상 긍정적인 교육 환경을 만들려고 노력한다.
Good professors always try to create **a** positive **learning environment**.

⑯ 자금/자료의 부족
a lack of resources

어떤 사람들은 자금이 부족하여 대학에 입학하지 못한다.
Some people are unable to attend college due to **a lack of resources**.

⑰ 학생들간의 경쟁을 유발하다
trigger competition between students

학생들간의 경쟁을 유발함으로써 그들이 더 열심히 공부하도록 동기부여를 할 수 있다.
Triggering competition between students can motivate them to study harder.

⑱ ~에 많은 노력을 쏟다
put a lot of effort into

나는 많은 노력을 쏟았기 때문에 그 프로젝트에서 A를 받았다.
I received an "A" on the project because I had **put a lot of effort into** it.

⑲ **~에 효과적인 방법**
an effective approach to

아침에 약 30분간 운동을 하는 것은 신진대사를 촉진하는 효과적인 방법이다.
Exercising for about 30 minutes in the morning is **an effective approach to** boosting your metabolism.
＊~을 끌어 올리다, 증대(촉진)시키다 boost ＊신진대사 metabolism

⑳ **학비를 내다**
finance school

어떤 학생들은 수업료를 내기 위해 부모님께 의존하는 반면, 다른 학생들은 학비를 내기 위해 아르바이트를 한다.
While some students rely on their parents to pay tuition, others have part-time jobs to **finance school**.
＊~에 의지하다 rely on

㉑ **적절한 도움**
proper assistance

적절한 도움으로, 작문을 두려워하는 학생들은 실력을 향상시키고 자신감을 얻을 수 있다.
With the **proper assistance**, students who are afraid of writing can enhance their skills and gain confidence.
＊높이다, 강화하다 enhance ＊자신감 confidence

㉒ **~와 보조를 맞추다 / ~에 따라가다**
keep pace with

학생들은 종종 서로 보조를 맞추기 위해서 다른 학생들의 점수를 알고 싶어한다.
Students often want to know others' grades so that they can **keep pace with** each other.

㉓ **그 분야의 전문가**
a professional in the field

경영대학은 종종 그 분야의 전문가를 초청 연사로 초대한다.
Business schools often invite **professionals in the field** as guest speakers.
＊초청 연사 guest speaker

✓ Check-up

다음 문장을 영어로 말해보세요.

1 원격 학습은 학생들의 지식을 넓히는 또 하나의 방법이다.
  *원격 학습 remote learning

2 학생들이 대규모 수업에서 사회적 인맥을 형성하기는 힘들다.
  *A가 ~하는 것은 힘들다 it is hard for A to ~   *대규모 수업 large class

3 방학은 새로운 것을 시도하기에 완벽한 시간이다.

4 내 적성에 맞는 수업을 위해 공부하는 것은 더 쉽다.

5 훌륭한 교수들은 창의력을 끌어내기 위해 학생들간의 토론을 장려한다.
  *창의력 creativity   *~을 끌어내다 generate

6 어떤 학생들은 그룹에 속해 있을 때 공부를 제일 잘하고, 다른 학생들은 스스로 학습하는 것을 선호한다.
  *그룹에 속한 in groups   *공부를 제일 잘하다 study best

7 대학에 들어가는 것은 잠재력을 개발하는 훌륭한 기회이다.
  *대학에 들어가다 enter a university   *~하는 기회 opportunity to ~

8 그 분야의 전문가를 아는 것은 직업을 구할 때 도움이 된다.
  *직업을 구하다 find work   *도움이 되는 helpful

9 도서관의 자료 부족으로 효과적으로 연구하기가 어렵다.
  *효과적으로 연구하다 research effectively   *~하는 것을 어렵게 하다 make it difficult to ~

Chapter 1

Chapter 2

Chapter 3

Chapter 4

Chapter 5

Chapter 6

10 수업에 적극적으로 참여하는 학생들은 더 나은 성적을 받는 경향이 있다.
＊성적 grade　＊~하는 경향이 있다 tend to ~

11 그럼에도 불구하고, 때로는 교사 중심의 수업이 더 효과적이다.
＊그럼에도 불구하고 nevertheless

12 성적이 좋은 학생들은 학비를 내기 위해 장학금을 이용할 수 있다.
＊장학금 scholarship　＊~을 이용하다 take advantage of

13 학업에 많은 노력을 쏟는 것은 학생들이 미래 진로를 준비하도록 해준다.
＊미래 진로 future career　＊A를 ~에 준비시키다 prepare A for

14 학급 동료들과 보조를 맞추기 위해, 학생들이 자신의 노트를 매일 복습하는 것이 가장 좋다.
＊학급 동료 classmate　＊매일 daily　＊복습하다 go over/review

15 우리는 학기 사이에 짧은 휴식이 있고, 연말에 긴 방학이 있다.
＊짧은 휴식 short break　＊연말 at the end of the year　＊긴 방학 long vacation

16 학생들을 돕는 가장 좋은 방법은 그들의 학업을 평가하고 약점을 찾아내는 것이다.
＊~하는 가장 좋은 방법 the best way to ~　＊약점 weakness

17 토론을 최대한으로 끌어내기 위해서는, 자신의 생각을 표명할 필요가 있다.
＊~을 최대한으로 끌어내다 get the most out of

18 벼락치기는 학습에 효과적인 방법이 아니다.
＊벼락치기 cramming

🎧 *Track 4* 정답 p.329

III. 주제별 표현2 - 일반생활 관련 표현

대학생활에 이어, 이번에는 일반생활에 관한 표현들을 익혀본다. 일상 생활에서 일어날 수 있는 다양한 상황을 설명할 때 유용하게 사용될 수 있는 표현들이다.

🎧 *Track 5*

❶ 한 곳에서 살다
live in one place

어떤 사람들은 평생 한 곳에서 사는 것을 선호한다.
Some people prefer to **live in one place** throughout their entire lives.

❷ 여기저기 돌아다니다
move around

외교관 같은 정부 관료들은 세계 여기저기를 돌아다니는 경향이 있다.
Government officials, like diplomats, tend to **move around** the world.
＊외교관 diplomat ＊~하는 경향이 있다 tend to ~

❸ 역할을 다하다
fulfill one's role

조언자로서의 역할을 다하기 위해서, 부모는 좋은 모범을 보여야 한다
To **fulfill their roles** as mentors, parents should set a good example.
＊좋은 모범을 보이다 set a good example

❹ ~에 많은 돈을 쓰다
spend a fortune on

신용카드가 있으면, 불필요한 물건에 많은 돈을 쓰기가 쉽다.
With credit cards, it is easy to **spend a fortune on** unnecessary items.

❺ 얼굴을 마주보는, 대면하는
face-to-face

교수님과 대면하여 대화하는 것이 이메일을 주고 받는 것 보다 더 효과적이다.
A **face-to-face** conversation with a professor is more effective than corresponding by email.
＊교신하다, 편지를 주고 받다 correspond

❻ 외식하다
eat out

어떤 사람들은 집에서 요리해 먹는 것을 선호하는 반면, 나는 외식을 좋아한다.
While some people prefer to cook and eat their meals at home, I like to **eat out**.

❼ 관계를 분열시키다
disrupt relationships

다른 도시나 나라에 사는 것이 종종 관계를 분열시킨다.
Living in different cities or countries can often **disrupt relationships**.

❽ 어렵게 번 돈
hard-earned money

어렵게 번 돈을 현명하게 쓰는 방법은 많다.
There are many ways people use their **hard-earned money** wisely.

❾ ~와 어울리다, 가까이 지내다
hang out with

친구들과 어울리는 학생들은 종종 커피숍에서 모인다.
Students who **hang out with** friends often get together in coffee shops.

❿ 의견을 나누다
trade ideas

스터디 그룹에서 의견을 나누는 것은 시험에 대비하기 위한 좋은 방법이다.
Trading ideas in a study group is a good way to prepare for tests.

⓫ 성급한 결정
hasty decisions

압박감을 많이 받는 사람들은 종종 성급한 결정을 내린다.
People who are under a lot of pressure often make **hasty decisions**.
＊압박감을 받다 be under pressure

⑫ **여생**
the rest of one's life

대학을 선택하는 것은 그 사람의 여생에 영향을 미칠 수 있다.
A person's choice of college can affect **the rest of his or her life**.

⑬ **고마움을 표현하다**
show one's appreciation

감사카드로 선물에 대한 고마움을 표현하는 것은 예의 바른 일이다.
It is polite to **show your appreciation** for a gift with a thank-you card.

⑭ **다른 입장**
different positions

나이든 사람들과 젊은 사람들은 보통 무엇이 '좋은 음악'인지에 대해 다른 입장을 취한다.
The elderly and young people usually hold **different positions** on what 'good music' is.

⑮ **~에 관여하다**
be involved in

부모들은 자녀들의 교육에 더 많이 관여해야 한다.
Parents should **be** more **involved in** their children's education.

⑯ **부주의한 실수를 하다**
make careless mistakes

긴장한 학생들은 시험을 치르는 동안 부주의한 실수를 하는 경향이 있다.
Students who feel nervous tend to **make careless mistakes** during examinations.
＊긴장하다 feel nervous

⑰ **(병)에 걸리다**
come down with

겨울에는 독감에 걸리기 쉽다.
It's easy to **come down with** the flu in wintertime.

⑱ **시간 낭비**
a waste of time

난 인터넷 채팅 같이 시간 낭비인 활동에는 참여하지 않으려고 한다.
I try not to take part in activities that are **a waste of time**, like chatting online.

Chapter 1

Chapter 2

Chapter 3

Chapter 4

Chapter 5

Chapter 6

⑲ **성취감**
a sense of accomplishment

자원 봉사를 하면 진정한 성취감을 느낄 수 있다.
Doing volunteer work gives you **a** real **sense of accomplishment**.
＊자원 봉사활동 volunteer work

⑳ **집안일을 하다**
do chores

한 집에 같이 사는 사람들은 공평하게 집안일을 해야 한다.
People who share a house should **do chores** equally.
＊공평(평등)하게 equally

㉑ **자기 관리를 배우다**
learn self-control

대학 생활에서는 자기 관리를 배우는 것이 매우 중요하다.
When it comes to college life, **learning self-control** is very important.
＊~에 관해서라면 when it comes to

㉒ **집을 구입하다**
purchase a house

집을 구입할 때는 고려해야 할 요소가 많다.
There are a lot of things to consider when **purchasing a house**.

㉓ **즐거운 방법**
an enjoyable way

편안한 카페에서 좋은 책을 읽는 것은 스트레스를 푸는 즐거운 방법이다.
Reading a good book in a comfortable café is **an enjoyable way** to relieve stress.
＊스트레스를 풀다 relieve stress

✓ Check-up

다음 문장을 영어로 말해보세요.

1 어린이들이 식당에서 여기저기 돌아다니는 것은 무례하다고 간주된다.
  ＊무례하다고 간주되다 be considered rude

2 어떤 상사들은 보너스로 직원들에게 고마움을 표현한다.
  ＊상사 boss   ＊직원 employee

3 성급한 결정의 결과로부터 소중한 교훈을 배울 수 있다.
  ＊결과 result   ＊소중한 교훈 valuable lesson

4 약물 중독은 관계를 분열시키고 한 사람의 삶을 파괴할 수 있다.
  ＊약물 중독 drug addiction   ＊~의 삶을 파괴하다 ruin one's life

5 다른 입장에 있기 때문에 부자들이 가난한 사람들을 이해하기는 어렵다.
  ＊부자들 the rich   ＊가난한 사람들 the poor

6 한 곳에서만 살았던 많은 사람들은 다른 곳으로의 여행을 꿈꾼다.
  ＊~을 꿈꾸다 dream of

7 러시아워 교통체증에서 운전하는 것은 차들이 매우 느리게 움직이므로 시간 낭비이다.
  ＊러시아워 교통체증 rush-hour traffic   ＊(집합적) 차 traffic

8 집을 구입하는 것은 한 사람의 재정 상황에 많은 영향을 미친다.
  ＊재정 상황 financial status   ＊영향을 미치다 affect

9 사람들은 신중한 인생계획을 통해 여생을 편안히 살 수 있다.
  ＊신중한 인생계획 careful life planning   ＊편안히 comfortably

Chapter 1

Chapter 2

Chapter 3

Chapter 4

Chapter 5

Chapter 6

10 오늘날, 많은 사람들은 스쿠버다이빙 같은 흥미로운 경험을 하는데 많은 돈을 소비한다.
＊오늘날 these days ＊흥미로운 경험 exciting experience

11 감기에 걸린 사람은 여분의 비타민 C를 섭취해야 한다.
＊여분의 extra ＊섭취하다 take

12 커피 브레이크를 갖는 것은 직장에서의 중압감으로부터 벗어날 수 있는 즐거운 방법이다.
＊직장에서 at work ＊중압감으로부터 벗어나다 escape from pressure

13 사람들은 힘든 업무를 끝마쳤을 때, 종종 성취감을 느낀다.
＊힘든 업무 challenging task

14 어떤 사람들은 어렵게 번 돈을 어떻게 소비할지에 대해 매우 조심스럽다.
＊~에 대해 조심스럽다 be careful about ＊(돈을) 소비하다 spend

15 많은 사람들은 친구들과 의견을 나누며 자유 시간을 보낸다.
＊자유시간을 보내다 spend one's free time

16 처음으로 해외여행을 하는 사람들은 종종 부주의한 실수를 한다.
＊처음으로 for the first time ＊해외여행을 하다 travel abroad

17 전화상으로 보다 얼굴을 마주보고 하는 대화에서 오해가 더 적다.
＊전화상으로 over the phone ＊오해 misunderstanding

18 나는 자기 관리를 배우는 것이 얼마나 어려운지 직접 경험을 통해서 알고 있다.
＊직접 경험 first-hand experience ＊~을 통해 알다 know from

🎧 *Track 6* 정답 p.330

실전익히기

I. 아웃라인 잡기

주어진 두 가지 선택사항 중에 선호하는 것을 고르라는 질문을 받고 준비시간 15초 동안 말할 내용의 아웃라인을 잡는다. 먼저 나의 선택을 정한 후 그것의 장점 두 가지를 이유로 적는다. 각 이유에는 구체적 설명이나 예를 떠올려 함께 적어 둔다.

아웃라인

나의 선택

• 이유 1 : 내 선택의 장점 1
    – 구체적 근거
 	
• 이유 2 : 내 선택의 장점 2
    – 구체적 근거

아웃라인 잡는 법

① **나의 선택을 정한다**
두 가지 선택사항을 들은 후 그 순간 장점이 더 많이 생각나는 것으로 나의 선택을 결정한다. 답안이 모호해 질 수 있으니 중립적인 입장은 취하지 않도록 한다.

② **선택을 뒷받침할 이유 두 가지를 생각해낸다**
나의 선택에 대한 이유를 떠올린다. 선택한 것의 장점을 두 가지 정도 내세우는 것이 가장 적당하다.

③ **이유에 대한 구체적 근거를 제시한다**
이유를 말할 때는 그에. 따른 근거를 함께 제시하도록 한다. 근거 없이 이유만 나열해서는 나의 선택을 완벽하게 뒷받침해 주지 못한다. 선택에서 벗어나지 않게 일관된 내용을 전개한다.

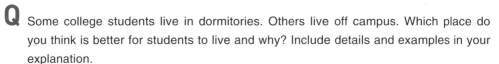

아웃라인의 예

> **Q** Some college students live in dormitories. Others live off campus. Which place do you think is better for students to live and why? Include details and examples in your explanation.
>
> 어떤 대학생들은 기숙사에서 살고 다른 학생들은 캠퍼스 밖에서 삽니다. 학생들이 살기에 어느 곳이 더 좋다고 생각합니까? 그 이유를 구체적인 설명과 예를 들어 답하세요.

❶ 나의 선택, 즉 기숙사와 캠퍼스 밖 중 내가 선호하는 것을 정한다.

❷ 그 곳에 사는 것이 더 나은 두 가지 이유를 생각해낸다.

❸ 각 이유에 대한 예와 설명을 구체적 근거로 제시한다.

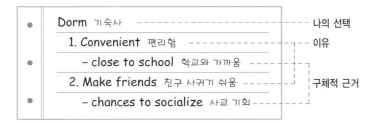

1. 실제 자신의 생각과 다르더라도, 답하기 쉽고 더 많은 아이디어가 떠오르는 것이 있다면, 그것을 나의 선택으로 정하여 아웃라인을 작성한다.

2. 내가 선택한 것의 장점 두 가지 대신, 선택하지 않은 것의 단점을 포함하여 이유를 제시할 수 있다. 예를 들어 기숙사에 사는 것을 선택한 이유로, 캠퍼스 밖의 생활에서 오는 불편함을 제시할 수 있다.

3. 두 가지 선택사항의 장점이나 단점을 모두 언급하여 자칫 내용이 복잡해지거나 말의 요지가 흐려지지 않도록 주의한다.

Hackers Practice

다음 질문에 답하기 위한 아웃라인을 작성해 보세요.

1. 🎧 *Track 7*

    Some people spend their lives in one location, and others choose to move around from one place to another. Which do you think is better and why?

    Outline ✏️

    - 나의 선택 Move around
        - 이유 1 environment - variety
            - 구체적 근거 _____
        - 이유 2 new cultures
            - 구체적 근거 _____

2. 🎧 *Track 8*

    Some students prefer to learn on their own. Others seek help from a teacher. Which method do you think is better for students and why?

    Outline ✏️

    - 나의 선택 Teacher's help
        - 이유 1 more knowledgeable
            - 구체적 근거 _____
        - 이유 2 _____
            - 구체적 근거 _____

정답 p.331

3. Track 9

Some people like to attend live performances while others prefer watching them on television. Which do you prefer and why?

Outline

- 나의 선택 Live performances
  - 이유 1 _____
    - 구체적 근거 _____
  - 이유 2 _____
    - 구체적 근거 _____

4. Track 10

Some students like to study in large classes while others like to study in small ones. Which method do you think is more effective for students and why?

Outline

- 나의 선택 _____
  - 이유 1 _____
    - 구체적 근거 _____
  - 이유 2 _____
    - 구체적 근거 _____

정답 p.331

II. 아웃라인 보고 말하기

작성한 아웃라인을 바탕으로 답안을 말하면 된다. 먼저 두 가지 중에 내가 선택한 것이 무엇인지를 말하고, 그렇게 생각하는 이유를 구체적 근거를 들어 설명한다.

1. 나의 선택 말하기

둘 중 자신이 선택한 것이 무엇인지를 밝히며 말을 시작하는 것이 좋다. 1번과 마찬가지로 질문에서 나온 말을 이용하면 쉽고 자연스럽게 답안을 시작할 수 있다.

나의 선택 말하기의 예

Q Some college students live in dormitories. Others live off campus. Which place do you think is better for students to live and why? Include details and examples in your explanation.

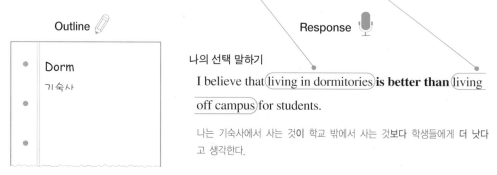

Outline ✏

- Dorm
  기숙사
-
-

나의 선택 말하기

I believe that living in dormitories is better than living off campus for students.

나는 기숙사에서 사는 것이 학교 밖에서 사는 것보다 학생들에게 더 낫다고 생각한다.

선택 말하기에 쓰이는 표현

선택 말하기를 시작하는데 사용할 수 있는 표현들을 이용해, 나의 선택을 다양하게 표현해 볼 수 있다.

1. A is better than B: A가 B보다 더 낫다
2. I prefer A to B: 나는 B보다 A를 선호한다
3. In my case: 내 경우에는
4. From my experience: 내 경험으로 보면
5. Personally: 개인적으로

Tips

질문과 관련되어 내가 경험했던 내용을 언급하며 답안을 시작할 수도 있다.

ex) After living in the dorms and off campus, I think the dorms are a much better place to live.
기숙사와 학교 밖에서 살아본 결과, 나는 기숙사가 살기에 훨씬 더 좋은 장소라고 생각한다.

Chapter 1

Chapter 2

Chapter 3

Chapter 4

Chapter 5

Chapter 6

2. 이유 말하기

나의 선택을 밝혔으면, 그에 대한 이유를 설명한다. 이때, 자신이 선택한 것의 장점을 두 가지 제시하거나, 또는 자신이 선택한 것의 장점 한 가지와 선택하지 않은 것의 단점 한 가지를 제시하여 이유를 밝힌다. 이유 문장을 말한 뒤에는 상세 설명이나 예시를 이용하여 구체적 근거를 덧붙인다.

이유 말하기의 예

Outline

1. Convenient
   편리함

- close to school
  학교와 가까움

Response

이유 1 말하기

The first reason is that living in a dormitory is very convenient.

첫 번째 이유는 기숙사에서 사는 것이 매우 편리하기 때문이다.

구체적 근거 말하기

You're close to the campus, so you can get to classes easily. **For example**, when the weather's bad, students don't have to worry about traveling too far to get to the classrooms.

학교와 가까워 수업에 쉽게 갈 수 있다. **예를 들어**, 날씨가 나쁠 때 학생들은 강의실까지 먼 길을 가느라 걱정할 필요가 없다.

이유 말하기에 쓰이는 표현

이유 문장과 구체적 근거 말하기에 사용할 수 있는 표현들을 이용하여, 답안 문장을 다양화하고 의미를 효과적으로 전달한다.

---

1. The first reason is that ~: 첫 번째 이유는 ~이기 때문이다
2. On top of that: 그에 더하여
3. For example/instance: 예를 들어
4. Furthermore / What's more: 더욱이
5. On the other hand: 다른 한편으로

Tips

이유 말하기를 마치고도 시간이 남았다면, 전체 내용을 정리할 수 있는 간단한 말로 답안을 깔끔하게 마무리할 수 있다.

ex) To sum up, I think living in a dormitory is a very important part of university life, one that every student should experience, if they can.
요약하자면, 나는 기숙사에 사는 것이 대학 생활의 매우 중요한 부분이며, 가능하면 모든 학생들이 경험해 봐야 하는 것이라 생각한다.

실제 STEP별 샘플

Question 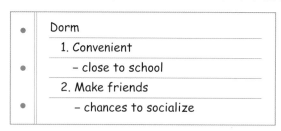 Track 11

Some college students live in dormitories. Others live off campus. Which place do you think is better for students to live and why? Include details and examples in your explanation.

Step 1 아웃라인 잡기

① which place is better : 어느 곳이 더 나은가? → 기숙사
② why   : 선호하는 이유 → 1. 편리함 / 2. 친구 사귀기
③ details and examples : 구체적 근거 → 학교와 가까움 / 사교 기회

> Dorm
>   1. Convenient
>   – close to school
>   2. Make friends
>   – chances to socialize

Step 2 아웃라인 보고 말하기 Track 11

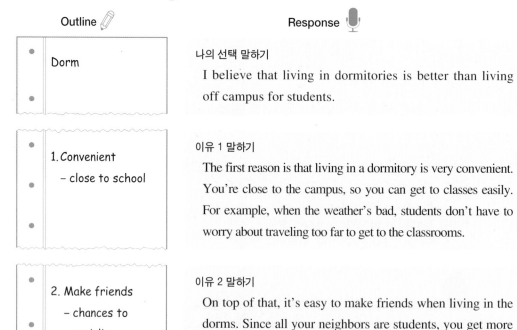

Outline   **Response**

Dorm

나의 선택 말하기

I believe that living in dormitories is better than living off campus for students.

1. Convenient
   – close to school

이유 1 말하기

The first reason is that living in a dormitory is very convenient. You're close to the campus, so you can get to classes easily. For example, when the weather's bad, students don't have to worry about traveling too far to get to the classrooms.

2. Make friends
   – chances to socialize

이유 2 말하기

On top of that, it's easy to make friends when living in the dorms. Since all your neighbors are students, you get more chances to socialize. Dormitories also offer activities like study groups and sports to help bring people together.

해석

Question

어떤 대학생들은 기숙사에서 살고 다른 학생들은 캠퍼스 밖에서 삽니다. 학생들이 살기에 어느 곳이 더 좋다고 생각합니까? 그 이유를 구체적인 설명과 예를 들어 답하세요.

Response

나는 기숙사에서 사는 것이 학교 밖에서 사는 것보다 학생들에게 더 낫다고 생각한다.

첫 번째 이유는 기숙사에서 사는 것이 매우 편리하기 때문이다. 학교와 가까워 수업에 쉽게 갈 수 있다. 예를 들어, 날씨가 나쁠 때 학생들은 강의실까지 먼 길을 가느라 걱정할 필요가 없다.

그에 더하여, 기숙사에 살면 친구를 사귀기가 쉽다. 모든 이웃들이 학생들이어서, 어울릴 기회가 더 많다. 기숙사는 또한 스터디 그룹과 스포츠 같이 사람들을 한데 모아주는 활동을 제공한다.

어휘   far[fɑːr] 멀리   socialize[sóuʃəlàiz] 교제하다, 어울리다   bring together 한데 모으다

다음 아웃라인을 보고 문장으로 발전시켜 말해 보세요.

1.   ⊙ *Track 12*

Some students prefer to attend universities in big cities, while others choose small towns for their higher education. Which do you prefer and why?

Outline ✎

Response 🎤

나의 선택 말하기

Univ. in a big city

대도시에 있는 대학

① _____ to one

in a small town.

난 소도시 보다 대도시에 있는 대학에 다니는 것을 선호한다.

이유 1 말하기

1. more exciting life
   – off-campus
     activities

1. 더 흥미로운 삶
   – 캠퍼스 밖 활동

First of all, ② _____.

There are a lot of off-campus activities that students can enjoy.

There are numerous theaters, cafés, and malls ③ _____

_____.

무엇보다도, 대도시들은 학생들에게 더 흥미로운 삶을 제공할 수 있다. 학생들이 즐길 수 있는 캠퍼스 밖에서의 활동이 많다. 휴식을 취하고 좋은 시간을 보낼 수 있는 수많은 극장, 카페와 상점들이 있다.

이유 2 말하기

2. more opportunities
   – new people, easy
     to find jobs

2. 더 많은 기회
   – 새로운 사람,
     구직 용이

Also, I would choose a big-city university ④ _____

_____. It creates more chances to meet new people.

Not only that, but ⑤ _____

because they are close to big corporations and offices.

또한, 나는 더 많은 기회를 제공하므로 대도시에 위치한 대학을 선택할 것이다. 이는 새로운 사람을 만날 수 있는 기회를 더 많이 제공해준다. 그뿐만 아니라, 대기업과 사무실이 가깝기 때문에 학생들이 직업을 찾기에도 더욱 용이하다.

⊙ *Track 12* 정답 p.332

2. 🎧 *Track 13*

Some people make decisions instantly. Others only decide after thinking about their choice for a long time. Which approach do you think is better and why?

Outline ✏️

- Decide after thinking
- 생각 후 결정

- 1. decisions – affect life
  – marriage, house purchase
- 1. 삶에 영향을 미치는 결정들
  – 결혼, 집 구입

- 2. hasty decisions → mistakes ex) exams
- 2. 성급한 결정 → 실수 예) 시험

Response 🎤

나의 선택 말하기

I think one should decide after thinking about a choice for a long time, ① _____.

난 즉시 결정을 하는 것보다는 선택에 대해 오랫동안 생각해 본 뒤 결정을 해야 한다고 생각한다.

이유 1 말하기

People often face decisions where they have to choose correctly because it will affect the rest of their lives. ② _____ is an important matter for one to consider. ③ _____, after a lot of deliberation.

사람들은 종종 남은 생애에 영향을 미칠 것이기 때문에 올바른 선택을 해야 하는 순간에 직면한다. 예를 들어, 결혼을 하거나 집을 구입하는 것은 깊게 생각해 봐야 할 중요한 일이다. 이러한 선택들은 심사숙고 후에 신중하게 내려야 한다.

이유 2 말하기

④ _____. For instance, ⑤ _____ because of their impulsive decisions.

반대로, 성급한 결정은 종종 실수를 낳는다. 예를 들어, 많은 학생들은 충동적인 결정 때문에 시험에서 부주의한 실수를 한다.

🎧 *Track 13* 정답 p.332

3. Track 14

Some people try to perform several tasks at once while others prefer to concentrate on one specific task at a time. Which approach do you think is more effective and why?

Outline ✏️

●	**One task**
	한가지 일
●	

●	**1. better results**
	– all energy,
	dig in one place
●	
	1. 더 나은 결과
●	– 모든 에너지,
	한 우물 파기
●	

●	**2. many: difficult**
	to focus
●	**– confused,**
	frustrated
●	
	2. 여러 일: 집중이 어려움
●	– 혼란, 좌절

Response 🎤

나의 선택 말하기

① _____

instead of trying to perform several tasks at once.

나는 한가지 일에 집중하는 것이 여러 가지 일을 한번에 하려는 것보다 더 낫다고 생각한다.

이유 1 말하기

I know ② _____

_____. It's easier not to get off track ③ _____

_____. The proverb 'if you

want a well, only dig in one place' illustrates this idea well.

나는 개인적인 경험으로 그것이 더 나은 결과를 가져온다는 것을 알고 있다. 한가지 일에 전력을 기울이면, 중심에서 쉽게 벗어나지 않는다. '우물을 파려면 한 우물을 파라'는 속담은 이 생각을 잘 나타내 준다.

이유 2 말하기

④ _____

_____

I've previously made an effort to do all my chores at once ⑤ ____

_____.

그러나, 여러 가지 일을 해야 할 상황이 닥치면, 나는 집중을 하고 있기가 어려워진다. 난 이전에 모든 일을 한꺼번에 하려고 해보았지만 혼란스럽고 좌절스러울 뿐이었다.

Track 14 정답 p.333

4. ⌾ *Track 15*

Some schools offer field trips to zoos and other schools offer field trips to natural history museums.
Which do you think is better for students and why?

Outline 🖊

Response

나의 선택 말하기

① _____ is better

for students than going to a natural history museum.

나는 동물원으로 현장학습을 가는 것이 자연사 박물관에 가는 것보다 학생들에게 더 낫다고
생각한다.

• **Zoo**

 동물원

이유 1 말하기

The zoo is a more exciting experience. ② _____

_____. Since field trips

are meant to be refreshing, ③ _____

_____.

동물원은 더 흥미로운 경험이다. 학생들은 대부분의 날들을 학교나 집에서 공부하면서 보낸다.
현장학습은 기분전환을 위한 것이므로, 야외 활동인 동물원에 가는 것은 완벽한 선택이다.

• **1. exciting**
   – refreshing,
     outdoors

• 1. 흥미로움
   – 기분전환, 야외활동

이유 2 말하기

④ _____

_____. There, students have the chance

to ⑤ _____

_____.

내가 동물원을 선호하는 또 다른 이유는 살아있는 동물을 체험할 수 있기 때문이다. 그곳에
서, 학생들은 실제로 동물의 행동을 관찰하고, 심지어 상호작용을 할 수 있는 기회를 갖게
된다.

• **2. live animals**
   – observe,
     interact

• 2. 살아있는 동물들
   – 관찰, 상호작용

⌾ *Track 15* 정답 p.333

5. 🎧 *Track 16*

Some companies require their employees to wear formal business attire. Others allow casual dress. Which do you prefer and why?

Outline 🖉	Response 🎤
Casual 캐주얼 복장	**나의 선택 말하기** ① _____ _____ . 나는 회사 사무실에서 정장보다 캐주얼을 입는 것을 선호한다.
1. comfortable 　– relaxed, 　　focus on work 1. 편안함 　– 느긋해짐, 　　일에 집중	**이유 1 말하기** That's because casual clothing is much more comfortable than formal dress. ② _____ _____ . And since I'm less distracted by them, ③ _____ . 이는 캐주얼이 정장보다 훨씬 편하기 때문이다. 나는 불편한 넥타이와 구두를 신지 않아도 되기 때문에 더 느긋해진다. 그리고 그런 것에 방해를 덜 받으므로, 나는 일에 집중을 더 잘한다.
2. save money 　– spend less on 　　outfits, cheaper 2. 돈 절약 　– 옷에 돈을 덜 씀, 　　저렴	**이유 2 말하기** ④ _____ _____ . I can spend less on outfits ⑤ _____ _____ . ⑥ _____ _____ . 그에 더하여, 캐주얼을 입는 규정은 돈을 절약하는데도 도움이 된다. 정장에 많은 돈을 소비할 필요가 없으므로 나는 옷에 돈을 덜 쓸 수 있다. 나는 이미 가지고 있는 캐주얼 옷을 입으면 되는데, 그것들은 보통 훨씬 저렴하다.

🎧 *Track 16* 정답 p.334

6. **Track 17**

Some people like to eat out while others like to cook at home. Which do you think is better and why? Include details and examples in your explanation.

Outline ✎	Response 🎤

나의 선택 말하기

_____.

```
┌─────────────────────┐
│ ● Cook at home      │
│ ● 집에서 요리        │
└─────────────────────┘
```

난 외식하는 것보다 집에서 요리하는 것을 좋아한다.

이유 1 말하기

```
┌─────────────────────┐
│ 1. healthy food     │
│    - fresh          │
│      ingredients,   │
│      nutrition      │
│                     │
│ 1. 건강에 좋은 음식  │
│    - 신선한 재료, 영양│
│                     │
└─────────────────────┘
```

_____

_____.

_____.

_____.

외식과 비교해 직접 요리하는 것의 장점은 건강에 좋은 음식을 먹을 수 있다는 것이다. 직접 음식을 준비하기 때문에, 신선한 재료를 사용할 수 있다. 바꿔 말하면, 식사에서 칼로리와 콜레스테롤을 조절할 수 있다.

이유 2 말하기

```
┌─────────────────────┐
│ 2. eat out - cost a │
│    lot              │
│    - meal, tip,     │
│      transportation │
│                     │
│ 2. 외식은 돈이 많이 듦│
│    - 식사, 팁, 교통비 │
└─────────────────────┘
```

_____

_____.

_____.

_____.

집에서 요리하는 것과는 달리, 식당에서 외식하는 것은 돈이 많이 든다. 우리는 식사뿐만 아니라 서비스에 대한 팁까지 지불해야 한다. 게다가, 식당이 가깝지 않은 한, 교통비까지 지불해야 한다.

🎧 **Track 17** 정답 p.334

다음 질문에 아웃라인을 작성하고 문장으로 발전시켜 말해 보세요.

1. 🎧 *Track 18*

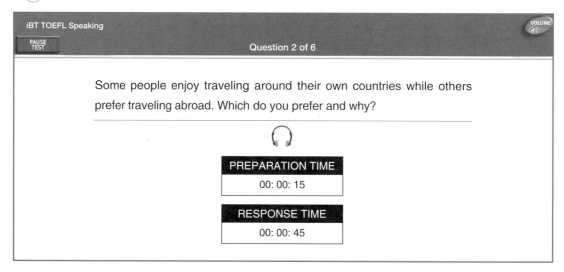

iBT TOEFL Speaking

PAUSE TEST

Question 2 of 6

Some people enjoy traveling around their own countries while others prefer traveling abroad. Which do you prefer and why?

PREPARATION TIME
00: 00: 15

RESPONSE TIME
00: 00: 45

Outline ✏️

Response 🎤

🎧 *Track 18* 정답 p.335

Chapter 1

Chapter 2

Chapter 3

Chapter 4

Chapter 5

Chapter 6

2.  *Track 19*

Some people like to communicate face-to-face while others like to communicate through e-mail. Which method do you prefer and why?

PREPARATION TIME

00: 00: 15

RESPONSE TIME

00: 00: 45

Outline 🖉

Response 🎤

Track 19 정답 p.336

3.

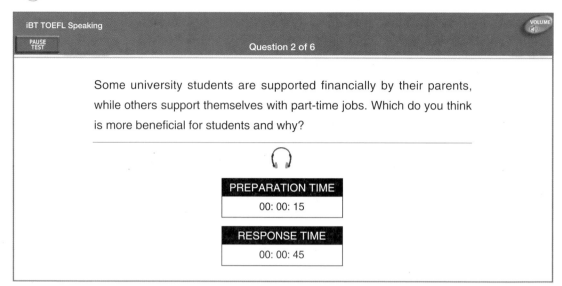

Some university students are supported financially by their parents, while others support themselves with part-time jobs. Which do you think is more beneficial for students and why?

PREPARATION TIME
00: 00: 15

RESPONSE TIME
00: 00: 45

Outline

Response

Track 20 정답 p.337

4. 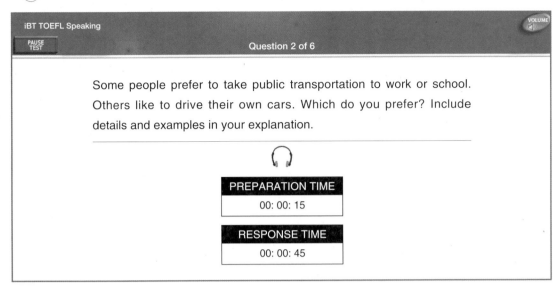 *Track 21*

Chapter 1
Chapter 2
Chapter 3
Chapter 4
Chapter 5
Chapter 6

iBT TOEFL Speaking

PAUSE TEST

Question 2 of 6

VOLUME

Some people prefer to take public transportation to work or school. Others like to drive their own cars. Which do you prefer? Include details and examples in your explanation.

PREPARATION TIME
00: 00: 15

RESPONSE TIME
00: 00: 45

Outline

-
-
-
-

Response

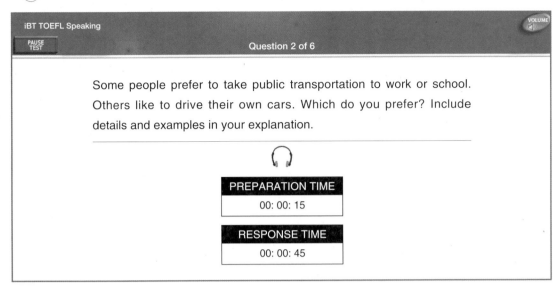 *Track 21* 정답 p.337

Hackers iBT TOEFL

Integrated Section

Integrated 섹션은 말하기 이외의 영역, 즉 읽기와 듣기가 결합된 통합형 문제이다. 3번과 4번은 읽고 →
듣고 → 말하는 순으로, 5번과 6번은 듣고 → 말하는 순으로 문제가 진행된다. 주어지는 지문과 대화, 강
의는 대학 캠퍼스나 강의실 내에서 접할 수 있는 내용들로 이루어진다. 읽거나 들으며 받아들인 정보를
수험자가 명확하고 조리있게 전달하는지의 능력을 평가한다.

www.goHackers.com

• • • • • • Chapter 3

Q3 읽고 듣고 말하기 (1)
대학 생활

Introduction

Overview

3번 문제는 읽고 들은 내용을 바탕으로 주어진 질문에 답하는 문제이다. 대학 생활에서 접할 수 있는 공지문이나 교내신문 기사 등의 글을 읽은 뒤, 그 글과 관련된 학생들의 대화를 듣게 된다. 읽기에서 제시된 상황에 듣기의 화자가 어떻게 반응하는지를 묻는다.

테스트 진행 방식

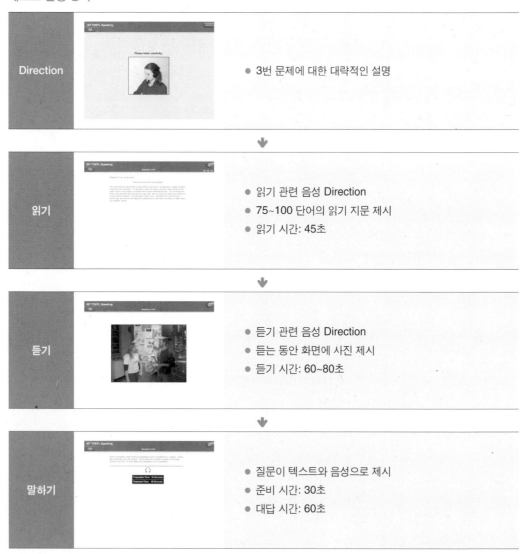

| Direction | ● 3번 문제에 대한 대략적인 설명 |

| 읽기 | ● 읽기 관련 음성 Direction
● 75~100 단어의 읽기 지문 제시
● 읽기 시간: 45초 |

| 듣기 | ● 듣기 관련 음성 Direction
● 듣는 동안 화면에 사진 제시
● 듣기 시간: 60~80초 |

| 말하기 | ● 질문이 텍스트와 음성으로 제시
● 준비 시간: 30초
● 대답 시간: 60초 |

Chapter 1
Chapter 2
Chapter 3
Chapter 4
Chapter 5
Chapter 6

질문의 핵심 포인트

질문에서는 읽기 지문에서 제시된 토픽에 대해 듣기의 화자가 내세우는 '의견'과, 그 의견을 뒷받침하는 '이유'를 찾아 설명할 것을 요구한다.

> **의견 (Opinion)** 토픽에 대한 듣기 화자의 의견 말하기
>
> **이유 (Reasons)** 화자의 의견을 뒷받침하는 이유 말하기

질문의 예

The woman expresses her opinion of **the new online tutoring site**. State **her opinion** and explain

듣기의 화자   읽기의 토픽   듣기 화자의 의견

the reasons she gives for holding that opinion.

의견을 뒷받침하는 이유

여자는 새로운 온라인 개별지도 사이트에 대한 의견을 표명합니다. 여자의 의견을 말하고 그러한 의견을 제시하는 이유를 설명하세요.

Step별 문제풀이 전략

STEP 1 읽은 내용 정리하기

- 주어진 상황을 파악하기 위해 지문의 토픽과 중요 세부사항을 찾는다.
- 듣기의 화자가 어떤 의견을 나타낼지 예상한다.

STEP 2 들은 내용 정리하기

- 의견을 내세우는 화자를 찾아 그 화자의 말에 집중한다.
- 읽은 지문과 관련해 듣기의 화자가 갖는 의견과 이유를 파악하여 노트에 정리한다.

STEP 3 읽고 들은 내용 연계하여 말하기

- 질문을 받고 준비시간 30초 동안에는, 읽고 들은 내용 정리 및 말하기를 위한 연습 시간을 갖는다.
- 듣기에서 정리한 내용을 바탕으로 그와 관련된 읽기 내용을 첨가하여 [의견 → 이유] 순으로 답한다.

기본다지기

I. 유형별 표현

3번 문제는 질문에서 요구하는 포인트가 정해져 있으므로, 답안의 구조와 형태에도 많은 부분 준비가 가능하다. 여기서는 화자의 의견과 이유를 말할 때 유용하게 쓸 수 있는 표현들을 익히고, 이를 이용하여 문장을 만드는 연습을 해보자.

1. 화자의 의견을 말할 때 쓸 수 있는 표현 ◯ Track 1

❶ ~에 동의한다
주어 **agree with [that ~]**

학생은 캠퍼스 내에 더 많은 나무를 심으려는 정책에 동의한다.
The student **agrees with** the policy of planting more trees on campus.

남자는 더 많은 숙제를 내주는 것이 학생들의 학습을 도울 거라는 점에 동의한다.
The man **agrees that** assigning more homework will help students learn.

❷ ~에 반대한다
주어 **disagree with [that ~]**

여자는 개인 교습을 의무화하려는 새로운 결정에 반대한다.
The woman **disagrees with** the new initiative to make tutoring mandatory.
＊결정, 결단 initiative

❸ ~에 찬성한다, 승인한다
주어 **approve of**

남자는 학생 회관을 확장하는 계획에 찬성한다.
The man **approves of** the plan to enlarge the student center.

❹ ~의 생각에는, −는 좋은 생각이 (아니)다
In one's opinion, − is (not) a good idea

그녀의 생각에는, 캠퍼스에 기업 광고를 허락하는 계획은 좋은 생각이 아니다.
In her opinion, the plan to allow corporate advertising on campus **is not a good idea**.

Basic Course

Chapter 1
Chapter 2
Chapter 3
Chapter 4
Chapter 5
Chapter 6

⑤ ~라고 (확고히) 믿는다
주어 **(strongly) believe that ~**

그는 중앙홀이 대학의 역사적 건물이므로 보존되어야 한다고 확고히 믿는다.
He **strongly believes that** the main hall is a university landmark and should be preserved.
＊역사적 건물[장소] landmark ＊보존하다 preserve

⑥ ~라는 의견을 좋아한다
주어 **like the idea of [that ~]**

여자는 학생 시위를 규제하는 의견을 좋아한다.
The woman **likes the idea of** regulating student protests.
＊규제하다 regulate

⑦ ~라고 제안한다
주어 **suggest that ~**

학생은 지역 주민들이 캠퍼스를 방문하는 것을 학교가 막아서는 안 된다고 제안한다.
The student **suggests that** the school should not prohibit locals from visiting campus.
＊지역 주민 local

⑧ A가 유익하다고 생각한다
주어 **find A beneficial**

여자는 학교 서점의 할인이 학생들에게 유익하다고 생각한다.
The woman **finds** the discounts at the university bookstore **beneficial** for students.

⑨ B보다 A를 선호한다
주어 **prefer A to/over B**

학생은 주말에 도서관을 개방하는 것보다 주중에 더 늦은 시간까지 여는 것을 선호한다.
The student **prefers** having later weekday hours **to** opening the library on weekends.

2. 이유를 말할 때 쓸 수 있는 표현 🎧 *Track 1*

⑩ ~의 첫 번째 이유는 -이다
One's first reason is that –

그녀의 첫 번째 이유는 학생들이 오후 10시 이후에 책을 대출해야 할지도 모른다는 것이다.
Her first reason is that students may need to check out books after 10 p.m.
＊(책을) 대출하다 check out

⑪ 두 번째 [또 다른] 이유는 ~이다
The second [Another] reason is that ~

두 번째 이유는 캠퍼스 내의 영화관이 학생들에게 방해가 되리라는 것이다.
The second reason is that a movie theater on campus would be distracting for students.
＊방해하는, 괴롭히는 distracting

⑫ 그 계획에 동의[반대]하는 한가지 이유는 ~ 때문이다
One reason 주어 agree [disagree] with the plan is that ~

그가 그 계획에 동의하는 한가지 이유는 그것이 학생들의 부정 행위를 막을 것이기 때문이다.
One reason he **agrees with the plan is that** it will prevent students from cheating.
＊부정 행위를 하다 cheat

⑬ ~하는 두 가지 이유가 있다
There are two reasons why ~

학생이 그렇게 생각하는 두 가지 이유가 있다.
There are two reasons why the student thinks so.

⑭ ~의 장점[단점]은 -이다
An advantage [A disadvantage] of ~ is –

교과 과정에 스포츠를 포함하는 것의 장점은 학생들이 건강을 유지할 수 있다는 것이다.
An advantage of including sports in the curriculum **is** that students can stay healthy.
＊교과 과정 curriculum

⑮ – 때문에 ~에 찬성[반대]한다
주어 be for [against] ~ because –

여자는 그것이 도서관에 자금을 제공하는데 도움이 될 것이기 때문에 새로운 계획에 찬성한다.
The woman **is for** the new plan **because** it'll help fund the library.
＊자금을 제공하다 fund

⑯ 반대하는 이유는 ~ 때문이다
One's reason for disagreeing is that ~

그녀가 반대하는 이유는 그 기념물이 학생들에게 직접적으로 도움이 되지 않을 것이기 때문이다.
Her reason for disagreeing is that the monument will not help students directly.

⑰ 첫째로, 하나는
For one thing

첫째로, 매우 많은 학생들이 도서관을 이용하므로, 그 돈은 도서관에 쓰여야 한다.
For one thing, the money should go to the library since so many students use it.

⑱ 마지막으로
Lastly / Finally

마지막으로, 새로운 자전거 길은 차 없이 캠퍼스를 돌아다니는 것을 더 쉽게 해줄 것이다.
Lastly, a new bike path would make it easier to get around campus without a car.

⑲ 그것은 ~ 때문이다
That's because ~

그것은 룸메이트들이 서로의 사생활을 존중해야 하기 때문이다.
That's because roommates should respect each other's privacy.

⑳ 게다가 / 더구나
Besides / What is more

게다가, 인터넷 접속은 모든 학생들에게 무료로 제공되어야 한다.
Besides, Internet access should be available to every student free of charge.

㉑ ~라고 주장한다
주어 **argue that ~**

학생은 그 여행이 매우 교육적인 경험이 될 것이라고 주장한다.
The student **argues that** the trip would be a very educational experience.

㉒ ~라고 지적한다
주어 **point out that ~**

그는 많은 기숙사 거주자들이 애완동물을 가지고 싶어한다는 것을 지적한다.
He **points out that** many dorm residents would like to have pets.

다음 문장을 영어로 말해보세요.

1 여자는 대부분의 수업에서 기말고사를 선택적으로 만드는데 찬성한다.
＊기말고사 final exam ＊선택의 optional

2 학생이 새 정책에 반대하는 두 가지 이유가 있다.
＊~에 반대하다 be against

3 남자는 카페를 수리하는 것이 허무는 것보다 더 나을 거라고 제안한다.
＊수리하다 renovate ＊허물다 tear down

4 학생은 캠퍼스 주변에 보안 시스템을 설치하는 의견을 좋아한다.
＊보안 시스템 security check ＊설치하다 install

5 첫째로, 동아리는 수업 외의 취미를 탐색하는 중요한 수단을 제공한다.
＊동아리 club ＊탐색하다 explore ＊취미 interest

6 이 정책의 단점은 학생들의 성적이 떨어질 수도 있다는 것이다.
＊떨어지다 drop

7 그는 캠퍼스 개발 비용을 지불하는 것은 학생들의 의무가 아니기 때문에 그 의견에 반대한다.
＊개발 improvement ＊의무 job

8 마지막으로, 대학은 이 정책으로 돈을 절약할 것이다.
＊돈을 절약하다 save money

9 학생은 새 기숙사에 더 많은 돈을 쓰려는 정책에 동의한다.
＊~에 돈을 쓰다 spend money on

Chapter 1
Chapter 2
Chapter 3
Chapter 4
Chapter 5
Chapter 6

10 여자는 매일 아침 수영하는 것이 그녀의 건강에 유익하다고 생각한다.
＊건강 health

11 그녀가 그 계획에 반대하는 한가지 이유는 4학년생들은 이미 매우 바쁘기 때문이다.
＊(대학) 4학년생 senior

12 그가 반대하는 이유는 모든 사람이 그 변화들로부터 혜택을 받는 것은 아니기 때문이다.
＊~로부터 혜택을 받다 benefit from

13 그녀는 신입생들이 학과 과목을 선택할 권리가 있다고 확고히 믿는다.
＊학과 과목 course

14 그녀는 책 대신 컴퓨터를 구입하려는 결정에 반대한다.
＊~하려는 결정 decision to ~

15 학생은 새로운 주차 공간에 돈을 지불하는 것보다 교환학생 프로그램에 투자하는 것을 선호한다.
＊ ~에 돈을 지불하다 pay for ＊교환학생 프로그램 exchange program ＊투자하다 fund

16 학생은 그 계획이 더 많은 민간 투자를 유치할 것이라고 주장한다.
＊민간의 private ＊유치하다 attract

17 또 다른 이유는 학생들이 이미 충분한 등록금을 내고 있다는 것이다.
＊등록금 tuition

18 학생의 생각에는, 축구장을 기숙사로 대체하는 것은 좋은 생각이 아니다.
＊축구장 football field ＊대체하다 replace

🎧 *Track 2* 정답 p.339

3번 문제의 읽기 지문에서는 전체 내용의 중심이 되는 토픽이 제시된다. 따라서 글을 읽고 토픽을 파악해내는 것이 무엇보다 중요하다. 학교 측의 정책 발표 내용, 또는 개인적 의견을 담은 글을 읽고 중심이 되는 내용을 찾아 전달하는 연습을 집중적으로 해보자.

🎧 *Track 3*

Example

New Recycling Policy

The university plans to replace the recycling bins currently in each dormitory. The new specially-designated recycling bags will force students to sort, which will help the environment.

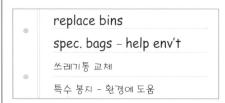

Q How will the dormitory's recycling policy change?

 The dorms will replace the recycling bins with special recycling bags to help the environment.

● 지문 내용 정리
  학교에서 제정한 새로운 재활용 정책에 대한 글을 읽고, 그 정책이 무엇인지를 파악해야 한다. 쓰레기통이 특수 봉지로 교체될 것이라는 토픽을 잡아 이를 간단히 노트 정리한다.

● 질문에 답하기
  정책의 변화를 설명하라는 질문에 노트의 내용을 참고하여 완전한 문장으로 답한다.

해석
                                새로운 재활용 정책
대학은 현재 각 기숙사에 있는 재활용 쓰레기통을 교체할 계획입니다. 특별히 지정된 새 재활용 봉지를 쓰면 학생들은 쓰레기를 분류하게 될 것이고, 이는 환경에 도움이 될 것입니다.

Q: 기숙사의 재활용 정책은 어떻게 변화할 것인가?
A: 기숙사는 환경에 도움이 되기 위해 재활용 쓰레기통을 특수 재활용 봉지로 대체할 것이다.

어휘
designated[dézignèitid] 지정된 sort[sɔ́ːrt] 분류(선별)하다

✓ *Check-up*

다음 글을 읽고 질문에 답하세요.

1 *Funding Cuts*

The Student Services Committee has decided to cut funding for programs for international students. They have cited fund-raising difficulties as the most significant reason why they must trim their budget.

Q What has the committee decided to do?

2 *Play Auditions*

The theater department is concerned by the declining participation. So, I think it should let non-theater majors audition for its plays. That would help to increase interest in the department.

Q What does the student believe that the theater department should do?

3 *New Plagiarism Policy*

The university is modifying its policy against student plagiarism. Any student who is found guilty of presenting another person's work as his or her own will be required to attend a half-semester-long ethics course.

Q How is the university's anti-plagiarism policy to be changed?

🎧 *Track 3* 정답 p.339

4 *Call-Home Policy*

It's not the university's place to inform our parents if we drink too much one night. The administration should revoke the call-home policy, because we're adults, not children!

Q What does the student believe that the university administration should do?

5 *Library Hours*

During exam week, the library reading rooms will stay open until 2 a.m. to allow students wishing to study to do so. The reference room's operating hours will remain unchanged: from 8 a.m. to 10 p.m.

Q According to the passage, what will happen during exam week?

6 *False Fire Alarm Policy*

Thankfully, the college is acting to stop people from pulling fire alarms as pranks. Not only is it dangerous, it's just plain annoying. No one likes to have to run outside in his or her pajamas in the middle of the night.

Q What college policy does the student approve of?

Track 3 정답 p.340

7 *Earth Day Activities*

So, get involved in the efforts to keep our planet and our campus healthy and beautiful! Meet in front of the Union on Saturday morning at 9 a.m. to help plant trees.

Q What does the reading encourage people to do on Saturday morning?

8 *Construction to Begin on Quad*

Campus officials met with developers over the weekend to discuss two options regarding construction on the Quad. One possibility is to put up office space. The other is to build a new lecture hall.

Q What were the two construction options discussed?

9 *Live Shows on Campus*

Bringing more live shows to campus will serve to increase the appeal of the university. Students prefer a campus that offers many activities.

Q What will the university do to increase the appeal of the university?

Track 3 정답 p.341

3번 문제의 듣기는 한 화자가 특정 토픽에 대해 갖는 의견과 이유로 구성되어 있다. 다음 문제들을 통해 화자의 생각과 그에 대한 근거를 파악하고, 그 내용을 명료하게 말하는 훈련을 해보자.

 Track 4

Example

I think a new scholarship for female students will be a great incentive. It's exactly what the university needs to encourage women to go into the sciences.

schshp: ♀ → Grt

encour. sci.

여학생들에게 장학금 → 훌륭

과학 장려

Q1 How does the student feel about the scholarship?

> She feels that a new scholarship for women is a good idea.

Q2 Why does she believe this?

> She believes that it will encourage more women to go into the sciences.

● 대화 내용 정리
여학생들을 위한 새로운 장학금 제도에 대해 여자가 갖는 의견과 그에 대한 이유를 파악해야 한다. 여성의 과학계 진출에 대한 장려책이 되므로 찬성한다는 내용을 노트에 정리한다.

● 질문에 답하기
토픽에 대한 여자의 생각을 묻는 첫 번째 질문에 답하고, 이어지는 문제에서 왜 그렇게 생각하는지를 설명한다.

해석
내 생각에 여학생을 위한 새로운 장학금은 굉장한 자극제가 될 거야. 그건 여성들이 과학계로 진출하도록 장려하기 위해 대학이 꼭 해야 할 일이야.

Q1: 학생은 장학금에 대해 어떻게 생각하는가?
A1: 그녀는 여성을 위한 새로운 장학금이 좋은 의견이라 생각한다.

Q2: 여자가 그렇게 생각하는 이유는 무엇인가?
A2: 그녀는 장학금이 보다 많은 여성들의 과학계 진출을 장려할 것이라 생각한다.

어휘
incentive[inséntiv] 자극, 동기   encourage[inkə́:ridʒ] 장려하다, 조장하다   go into (직업, 계통 따위에) 들어가다

Check-up

다음 녹음 내용을 듣고 질문에 답하세요.

1

Q1 What does the man think of the change?

Q2 Why does he feel this way?

2

Q1 What does the student think of the new rule?

Q2 Why does the student believe this?

3

Q1 What does the woman think of charging students for the school newspaper?

Q2 Why does the woman feel this way?

🎧 *Track 4* 정답 p.342

4

Q1 How does the student feel about the new requirement?

🎤

Q2 Why does he believe this?

🎤

5

Q1 How does the man feel about the university providing flu shots?

🎤

Q2 Why does the man have this opinion?

🎤

6

Q1 Does the student approve or disapprove of the new lab policy?

🎤

Q2 Why does she feel this way about the policy?

🎤

Track 4 정답 p.344

7

Q1 What does the student think of the school's policy on guests for the graduation ceremony?

Q2 Why does the man feel this way?

Chapter 1
Chapter 2
Chapter 3
Chapter 4
Chapter 5
Chapter 6

8

Q1 What does the student think of the change in policy?

Q2 Why does she feel this way?

9

Q1 Which policy does the man prefer?

Q2 Why does he feel this way?

Track 4 정답 p.345

실전익히기

I. 읽고 들은 내용 정리하기

3번 문제는 읽고 들은 내용을 바탕으로 답안을 구성해야 한다. 읽기 지문에서 문제의 배경이 되는 토픽과 세부사항을 파악하고, 이에 대해 듣기의 화자가 갖는 의견과 이유를 찾아야 한다. 이 주요 포인트들을 정리하여 말하기를 위한 토대를 마련한다.

읽기 지문과 듣기 지문의 관계

읽기와 듣기는 한가지 같은 토픽에 대해 연결된 지문과 대화이다. 읽기 지문에서 토픽이 세부사항과 함께 제시되고 나면, 듣기에서 화자들이 이에 대한 이야기를 나눈다. 화자는 읽기의 토픽에 대한 찬반 의견을 밝힌 후, 그에 대한 이유를 설명한다.

읽기
• 토픽 + 세부사항

듣기
• 토픽에 대한 화자의 의견 • 의견에 대한 이유

예1) 학교 공지를 읽은 학생들의 대화

읽기
토픽 – 세부사항 1 – 세부사항 2

학교 공지
개별지도 센터를 온라인으로 대체하겠다. – 학교까지 올 필요가 없어진다. – 로그인만 하면 질문을 할 수 있다.

듣기
화자의 의견 – 이유 1 – 이유 2

학생들의 대화
새 방식에 반대한다. – 온라인은 시간이 더 걸린다. – 오래된 컴퓨터로는 사용이 불가능하다.

예2) 교수의 사설을 읽은 학생들의 대화

교수의 사설
캠퍼스 조명 설치 계획에 반대한다. – 그 돈으로 도서관을 개선해야 한다. – 천문대의 별 관측에 방해가 될 것이다.

학생들의 대화
교수님의 의견에 찬성한다. – 도서관의 컴퓨터 교체가 더 시급하다. – 천문학 수업에 어려움이 있을 것이다.

Chapter 1
Chapter 2
Chapter 3
Chapter 4
Chapter 5
Chapter 6

1. 읽은 내용 정리하기

읽기 지문에는 대학 생활에서 일어날 수 있는 상황과 관련된 정보가 제시된다. 예를 들어, 대학의 새로운 정책 발표문이나, 개인의 의견을 담은 사설, 또는 이메일 같은 형식의 글이다. 의견 글에서는 학생이나 교수가 학교측에 건의사항을 요청하거나, 학교가 발표한 정책에 찬반 주장을 내세우기도 한다.

❶ 읽기 지문의 구성

읽기 지문의 내용은 크게 토픽과 세부사항으로 나눌 수 있다. 지문을 읽고 중요 포인트를 파악하여 간단히 정리해 둔다.

● 제목

글의 출처나 토픽이 명시되어 있는 헤드라인으로, 이를 통해 읽을 내용을 미리 짐작해 볼 수 있다.

ex) Help Online   온라인 도우미

Lights Out!   조명을 끕시다!

● 토픽

전체 지문에서 전달하고자 하는 핵심내용이다. 토픽 문장은 주로 글의 앞부분에 나오므로 놓치지 않고 정확하게 이해한 후 나머지 내용을 읽도록 한다.

ex) The drop-in tutoring center will be shut down, and the new online tutoring site will be operational.   방문 개별지도 센터가 폐쇄되고, 새로운 온라인 교육 사이트가 문을 열 것입니다.

The university's new campus lighting system is a good idea in theory, but now isn't the best time.   대학의 새로운 캠퍼스 조명 시스템은 이론상으로는 좋은 생각이지만, 지금은 적절한 때가 아닙니다.

● 세부사항

토픽을 보충 설명하는 부분으로, 주로 한 두 가지의 내용이 언급된다. 이 정보 또한 듣기의 내용과 연결이 될 수 있으므로 주의 깊게 읽는다.

ex) No longer will off-campus students have to come all the way to school for aid.
캠퍼스 밖에 거주하는 학생들은 더 이상 도움을 받기 위해 학교까지 먼 길을 오지 않아도 될 것입니다.

The lights' installation and maintenance will be expensive. Meanwhile, there isn't enough money for improvements for the library.
조명 설치와 유지로 비용이 많이 들 것입니다. 한편, 도서관을 개선할 돈은 충분치 않습니다.

읽기 지문의 예

Reading Time: 45 seconds

Online Help

Beginning next semester, the **drop-in** tutoring center will be **shut down**, and the new **online** tutoring site will be operational. **No** longer will **off-campus** students have to **come** all the way **to school** for aid. Now, help will be just a mouse click away with the latest technology, whenever you need it. To use the site, just **log in** with your student ID number and password, and then ask the online **tutors** any **questions** you have.

제목
└ 온라인 도우미

토픽
└ 방문 개별지도 센터를 폐쇄하고
  온라인 교육 사이트 운영

세부사항
– 학교까지 올 필요 없음
– 로그인만 하면 질문을 할 수 있음

---

❷ 읽기 노트 정리하기

읽은 내용을 정리할 때는 글의 중요 정보를 담은 키워드를 뽑아, 토픽과 세부사항으로 나누어 노트에 적는다.

● 토픽 정리
  노트의 윗부분에 글에서 전달하고자 하는 핵심내용을 적는다.

● 세부 사항 정리
  토픽 아래에 칸을 들여 관련된 세부 정보를 차례로 적는다.

읽기 노트정리의 예

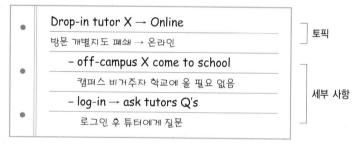

Drop-in tutor X → Online
방문 개별지도 폐쇄 → 온라인   토픽

  – off-campus X come to school
  캠퍼스 비거주자 학교에 올 필요 없음   세부 사항
  – log-in → ask tutors Q's
  로그인 후 튜터에게 질문

1. 읽기에 주어진 45초는 결코 긴 시간이 아니다. 지문을 빠르게 읽고 주요내용을 파악해 내는 훈련이 필요하다.

2. 보통, 읽기 전에 나오는 Direction에서 지문의 주제를 간략히 말해주므로 이를 주의 깊게 듣는다.
   ex) Narrator: The university has developed **a new computer-based tutoring system**. Read the article in the school newspaper about the service.
   대학은 컴퓨터 기반의 새로운 개별지도 체제를 개발했습니다. 이 서비스에 대한 학교신문의 기사를 읽어보세요.

2. 들은 내용 정리하기

읽기가 끝나고 듣기에서는 읽은 내용에 대한 학생들의 대화가 이어진다. 대화 내용에는 3번 문제의 질문에서 요구하는 핵심 포인트가 모두 포함되어 있으므로, 잘 듣고 중요 포인트를 정리해 둔다.

❶ 듣기 지문의 구성

듣기에는 두 명의 화자가 등장하는데, 그 중 대화의 대부분을 차지하며 내용을 이끌어가는 중심화자가 있다. 듣기 지문은 이 중심화자가 읽기 지문의 내용에 대해 갖는 의견과 이유 부분으로 구성되어 있다.

● 의견

중심화자가 읽기 지문에서 제시된 토픽에 대해 찬성이나 반대의 입장을 밝히는 부분으로 주로 대화의 도입부에 나온다.

ex) I don't like the way they're handling it. 대학의 처리 방식이 맘에 들지 않아.

I agree with the opinion in the letter. 난 편지의 내용에 동의해.

● 이유

의견에 뒤따라 나오는 부분으로, 중심화자가 자신의 의견에 대한 근거를 설명하는 내용이다. 주로 두 세가지 이유가 나오는데, 이때 읽기 지문의 세부사항을 연결해 이유를 제시하기도 한다.

ex) It won't really save that much time. Typing takes a lot longer than speaking.
온라인 수업이 시간을 절약해 주지 않을 거야. 타이핑하는 게 말하는 것보다 더 오래 걸려.

Instead of spending the money on the lights, the university could replace all the computers in the library. 조명에 돈을 쓰는 대신, 대학은 도서관의 모든 컴퓨터를 교체할 수 있을 거야.

듣기 지문의 예

M : It's about time this school started doing things online.

W : Yeah, but **not for tutoring**. **I don't like** the way they're handling it.

> 의견 읽기 내용에 대한 반대
> 개별지도를 온라인으로 해서는 안돼

M : Why? Why come to campus when you can get help from the convenience of your home?

W : Think about it. It **won't** really **save** that much **time**. In fact, it'll probably take even more. **Typing** takes a lot **longer** than **speaking**. So if you have a lot of questions, think of the time you'll waste typing them out.

> 이유 1 반대하는 첫 번째 이유
> 온라인은 시간이 더 걸릴 거야

M : I didn't think about that. I guess it would be kind of hard to express some things without being face-to-face.

W : And you're forgetting about your **computer** – it's **old**. I bet that it'll be really **hard** for you to **access** the site. If you want to use it, you and all the other students with old computers will either have to **upgrade or buy** new ones.

> 이유 2 반대하는 두 번째 이유
> 컴퓨터를 업그레이드하거나 새로 사야 해

Chapter 1
Chapter 2
Chapter 3
Chapter 4
Chapter 5
Chapter 6

❷ 듣기 노트 정리하기

들은 내용을 정리할 때는 중심화자가 말하는 내용 중 키워드를 뽑아, 의견과 이유 부분으로 나누어 노트에 적는다.

● **의견 정리**
노트의 윗부분에 중심화자의 의견을 적는다. 단, 대화의 초반에는 중심화자가 누구인지 알기 어려우므로, 파악이 되기 전까지는 두 화자의 말을 모두 적어 둔다.

● **이유 정리**
의견 아래에 번호를 매겨 중심화자가 제시하는 이유를 차례로 적는다. 이때 이유를 설명하는 추가 내용이 있으면 칸을 들여 함께 적어 놓는다.

듣기 노트정리의 예

1. 중심화자와 이야기를 주고받는 제2화자의 말은 메모할 필요 없이 대화의 흐름을 파악하는 데만 참고한다.

2. 듣기는 주로 두 사람이 나누는 대화로 이루어지지만, 간혹 한 사람의 의견발표 형식으로 진행되기도 한다. 듣기 직전의 direction에서 앞으로 듣게 될 내용이 2인 대화문인지 1인 스피치인지를 알려주므로 잘 듣고 이야기의 형태를 미리 파악한다.

   ex) 2인 대화 direction: Now listen to **two students** as they discuss the announcement.
   1인 스피치 direction: Now listen to **a student** giving an opinion about the policy.

대화에서 중심화자가 중요 포인트를 이야기할 때 사용할 수 있는 말이 있다. 단서가 되는 이 표현들을 익히고 대화를 들으면, 흐름을 따라가는데 용이할 뿐 아니라 내용 파악에도 매우 도움이 된다.

화자가 의견을 말할 때 쓰는 표현

1. **I'm all for** building new athletic facilities.
   새로운 운동 시설을 짓는 것에 **전적으로 동의해**.

2. **I think** the proposal **makes a lot of sense**.
   그 제안이 정말 이치에 맞는 것 같아.

3. The school **has a point**, too.
   학교측도 일리는 있어.

4. This policy **is definitely not the way to go**.
   그 정책은 정말 좋은 방법이 아니야.

5. **I'm not so sure that** library users will follow the new rule.
   난 도서관 이용자들이 새로운 규칙을 따를지 의문이야.

6. **I don't see it that way.**
   난 그렇게 생각하지 않아.

7. **I'm not convinced that** this will really benefit students.
   이게 학생들에게 정말 이로울지 확신이 안 서.

이유를 말할 때 쓰는 표현

8. **My first [second] reason is that** students often have night classes.
   내 첫 [두] 번째 이유는 학생들이 종종 야간수업을 듣는다는 거야.

9. **And another thing is**, only a few students read the campus newspaper.
   그리고 또 다른 이유는 단지 소수의 학생들만이 학교신문을 읽는다는 거야.

10. **Also/Plus**, many students don't lead a healthy lifestyle.
    또한, 많은 학생들은 건강한 생활을 하고 있지 않아.

11. The cafeteria has a limited selection, **which is another reason to support the proposal**.
    학교 식당의 메뉴가 빈약하다는 점이, 내가 이 제안을 지지하는 또 다른 이유야.

12. **Besides**, the university gets a lot of funding from alumni donations.
    게다가, 대학은 동창회 기부금으로 많은 자금을 받아.

Hackers **Practice**

다음 질문에 답하기 위한 노트를 완성하세요.

1. 🎧 *Track 5*

Reading Time: 45 seconds

Internet, anyone?

The university is finally putting student dollars to use to move into the future. We, the newspaper staff, congratulate the administration on their plans to install wireless Internet access on campus. This step makes it possible for students to use their own laptops, reducing congestion in campus computer labs. We only hope there'll be enough access points to make it worth the investment.

Please listen carefully. 🎧

Notes ✏️

읽기 노트

- 토픽

  _____

- 세부사항

  – use own: ↓ congestion

  – access points

듣기 노트

- 의견

  M: _____

- W: X every1

- 이유

  1. free coms in labs

  2. _____

  → quieter, ↑ prod.

정답 p.347

2. 🎧 *Track 6*

Reading Time: 45 seconds

Announcement from the University President

Effective immediately, Frye University will begin cutting funds for its grants and scholarships. The funds taken from financial assistance will go toward campus renovations and equipment upgrades. The university feels this will benefit all students, and not just the recipients of financial awards. Only those students with extreme needs will be eligible for financial aid from the university. Applications from medium- or low-need students will no longer be considered.

Please listen carefully.

Notes 🖉

읽기 노트

- 토픽

  _____

- 세부사항

  - renov., equipmt upgr.

    → _____

  - Ss in ext. need → fin. aid

듣기 노트

- 의견

  M: _____

  W: _____

- 이유

  1. lab, bks, S center

  2. _____

정답 p.348

3. 🎧 *Track 7*

Reading Time: 45 seconds

Job Fair Crowded

If you're looking for work, have no fear; the annual job fair is here. Historically, it has been very crowded, making interaction between recruiters and applicants difficult. To make it more efficient, I believe the university should limit attendance to seniors since they're the ones who need jobs most urgently. That way, recruiters won't need to worry about 10 anxious students jumping on them, just 2 or 3.

James Brown, professor of economics

Please listen carefully. 🎧

Notes ✏️

읽기 노트

- 토픽

  _____

  → interact. diff.

- 세부사항

  – _____

  – recrut., ↓ Ss

듣기 노트

- 의견

  W: _____

- 이유

  1. went as fresh., see skills

  – _____

  2. _____

  – help Srs

정답 p.349

4. 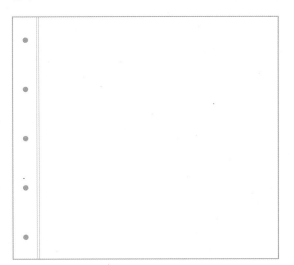 *Track 8*

Reading Time: 45 seconds

Statue of University Founder

The university board has approved the plan to erect a statue of the school's founder near the main administration building. Not only will this remind students of the accomplished scholar who dedicated his life to the pursuit of higher education, but it will also reinforce the university's reputation as one of the oldest educational institutions in the country. A $50 fee will be charged to each student's account to raise the necessary funds.

Please listen carefully.

Notes

읽기 노트

듣기 노트

정답 p.351

II. 읽고 들은 내용 연계하여 말하기

읽기와 듣기 각각의 내용 정리가 끝났으면, 이제 그 내용을 바탕으로 질문에 답하면 된다. 듣기의 중심화자가 갖는 의견을 먼저 말하고, 그러한 의견을 내세우는 이유를 차례로 서술한다.

답안 말하기의 순서

의견 말하기
이유 1 말하기 이유 2 말하기

1. 의견 말하기

앞에서 읽은 지문에 대해 듣기의 화자가 찬성을 하는지 또는 반대를 하는지를 밝히며 답안을 시작한다. 이때 읽기 지문의 토픽이 무엇인지를 함께 설명하면 더욱 명료한 답안이 될 수 있다.

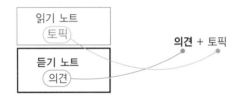

의견 말하기의 예

읽기 노트

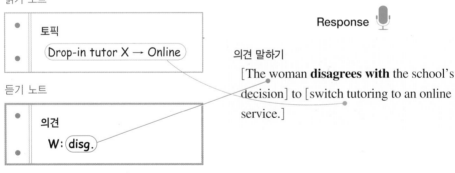

듣기 노트

Response 🎤

의견 말하기

[The woman **disagrees with** the school's decision] to [switch tutoring to an online service.]

의견 말하기 주요 표현 리스트

1. 주어 disagree with [that ~] : ~에 반대한다
2. 주어 approve of : ~에 찬성하다, 승인하다
3. 주어 agree with the policy of : ~하는 정책에 동의한다
4. 주어 like the idea of : ~라는 의견을 좋아한다

2. 이유 말하기

화자의 의견을 뒷받침하는 이유를 듣기 노트를 중심으로 하나씩 말하되, 이와 관련된 내용이 읽기의 세부사항에 있으면 연결하여 함께 설명한다.

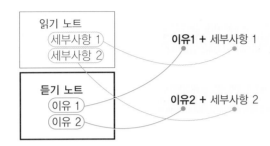

이유 말하기의 예

읽기 노트

Response 🎤

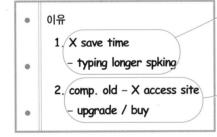

이유 1 말하기

Her first reason is that [it will not save them time] even though [students won't need to come to school for tutoring.] **That's because** [typing takes longer than speaking.]

듣기 노트

이유 2 말하기

Another reason is that [many students will have a hard time even accessing the site. If their computers are too old, they'll have to upgrade or buy new ones] before [they can ask the tutors any questions.]

이유 말하기 주요 표현 리스트

1. One's first reason is that ~ : ~의 첫 번째 이유는 ~이다
2. That's because ~ : 그 이유는 ~때문이다
3. The second [Another] reason is that ~ : 두 번째 [또 다른] 이유는 ~이다
4. The reason for disagreeing is that ~ : 반대하는 이유는 ~이다

1. 의견 말하기에서 토픽을 함께 설명하기 어려우면, 간단히 '정책(policy), 계획(plan)' 등으로 언급할 수 있다.
   ex) The man agrees with the new school policy. 남자는 새로운 학교 정책에 동의한다.

2. 이유 말하기에서 읽은 내용과의 연계가 어렵다면, 최소한 듣기 내용만이라도 이용해 답하도록 한다. 답이 되는 주요 포인트들이 듣기에 있으므로, 여기에만 충실해도 질문에서 요구하는 핵심 포인트를 전달할 수 있다.

Question Step *Track 9*

> **Narrator** The university has developed a new computer-based tutoring system. Read the article in the school newspaper about the service. You will have 45 seconds to read the article. Begin reading now.

Step 1 지문 읽기

Reading Time: 45 seconds

Online Help

Beginning next semester, the drop-in tutoring center will be shut down, and the new online tutoring site will be operational. No longer will off-campus students have to come all the way to school for aid. Now, help will be just a mouse click away with the latest technology, whenever you need it. To use the site, just log in with your student ID number and password, and then ask the online tutors any questions you have.

Step 2 대화 듣기

> **Narrator** Now listen to two students as they discuss the article.

M : It's about time this school started doing things online.

W : Yeah, but not for tutoring. I don't like the way they're handling it.

M : Why? Why come to campus when you can get help from the convenience of your home?

W : Think about it. It won't really save that much time. In fact, it'll probably take even more. Typing takes a lot longer than speaking. So if you have a lot of questions, think of the time you'll waste typing them out.

M : I didn't think about that. I guess it would be kind of hard to express some things without being face-to-face.

W : And you're forgetting about your computer – it's old. I bet that it'll be really hard for you to access the site. If you want to use it, you and all the other students with old computers will either have to upgrade or buy new ones.

Step 3 질문 듣기

> **Narrator** The woman expresses her opinion of the new online tutoring site. State her opinion and explain the reasons she gives for holding that opinion.

Chapter 1
Chapter 2
Chapter 3
Chapter 4
Chapter 5
Chapter 6

Answer Step

Step 1 노트 정리하기

읽기 노트

> Drop-in tutor X → online
>
> – off-campus X come to school
> – log-in → ask tutors Q's

듣기 노트

> M: do online
> W: disg.
>   1. X save time
>   – typing longer spking
>   2. comp. old – X access site
>   – upgrade / buy

Step 2 연계하여 말하기 *Track 9*

The woman disagrees with the school's decision to switch tutoring to an online service.

Her first reason is that it will not save them time even though students won't need to come to school for tutoring. That's because typing takes longer than speaking.

Another reason is that many students will have a hard time even accessing the site. If their computers are too old, they'll have to upgrade or buy new ones before they can ask the tutors any questions.

해석

Reading

대학은 컴퓨터 기반의 새로운 개별지도 체제를 개발했습니다. 이 서비스에 대한 학교 신문의 기사를 읽어보세요. 기사를 읽는데 45초가 주어질 것입니다. 이제 읽기 시작하세요.

읽기 시간: 45초

온라인 도우미

다음 학기부터, 방문 개별지도 센터가 폐쇄되고, 새로운 온라인 교육 사이트가 문을 열 것입니다. 캠퍼스 밖에 거주하는 학생들은 더 이상 도움을 받기 위해 학교까지 먼 길을 오지 않아도 될 것입니다. 이제, 최신 기술로 여러분이 필요할 때마다 마우스 클릭만으로 학습 지원을 받을 수 있을 것입니다. 사이트 이용을 위해서는 여러분의 학생 카드 번호와 비밀번호로 로그인을 하고, 그런 다음 온라인 튜터에게 어떤 질문이든지 물어보면 됩니다.

drop-in (잠시) 들르는   operational [àpəréiʃənl] 운영상의, 사용중인   aid [éid] 도움, 원조

Listening

기사에 대해 토의하는 두 학생의 대화를 들어보세요.

남: 학교가 온라인으로 일을 시작할 때가 됐지.

여: 그래, 하지만 개별지도는 아니야. 대학의 처리 방식이 맘에 들지 않아.

남: 왜? 집에서 편안하게 학습 지원을 받을 수 있는데 캠퍼스까지 올 필요가 뭐 있어?

여: 생각해봐. 온라인 수업은 실제로 시간을 그렇게 많이 절약해 주지는 않을 거야. 사실, 시간이 더 걸리겠지. 타이핑하는 건 말하는 것보다 더 오래 걸려. 네가 질문이 많다고 해보자. 그걸 타이핑하는데 낭비할 시간을 생각해봐.

남: 그 문제에 대해선 생각 못해봤어. 어떤 것들은 얼굴을 마주하지 않고 표현하기 힘들 것 같아.

여: 그리고 네 컴퓨터에 대해서 잊었나 본데, 그거 오래된 거잖아. 넌 사이트에 접속하는 것도 정말 어려울 거야. 그 사이트를 이용하고 싶다면, 너뿐만 아니라 오래된 컴퓨터를 가지고 있는 다른 모든 학생들도 컴퓨터를 업그레이드 하거나 새 컴퓨터를 구입해야 할 거라구.

여자는 새로운 온라인 개별지도 사이트에 대한 자신의 의견을 제시합니다. 여자의 의견을 말하고 그러한 의견을 제시하는 이유를 설명하세요.

type out 타이핑하다   face-to-face 얼굴을 마주 대하고   access [ǽkses] 접근하다, 이용하다

Response

여자는 개별지도를 온라인 서비스로 바꾸는 대학의 결정에 반대한다.

그녀의 첫 번째 이유는 비록 학생들이 개별지도를 받으러 학교에 올 필요가 없다 하더라도, 온라인 교육이 시간을 절약해 주지 않을 거라는 것이다. 그 이유는 타이핑이 말하는 것보다 시간이 더 오래 걸리기 때문이다.

또 다른 이유는 많은 학생들이 사이트에 접속하기조차 어려울 것이라는 점이다. 만일 학생들의 컴퓨터가 너무 오래 되었다면, 그들은 튜터에게 질문을 하기 전에 컴퓨터를 업그레이드하거나 새 것을 구입해야 할 것이다.

Chapter 1

Chapter 2

Chapter 3

Chapter 4

Chapter 5

Chapter 6

www.goHackers.com

다음 질문에 답하기 위한 노트와 답안 말하기를 완성하세요.

1. (headphones) *Track 10*

Reading Time: 45 seconds

Notice from Library Administration

As of next semester, the university library will begin charging a fee for overdue library materials. The administration feels that late fees are a necessary response to the recent increase in late returns. This policy will ensure all students have equal access to library resources. Furthermore, the extra funds will go towards expanding and maintaining the library's collection. This will allow our university to uphold its reputation for having one of the most comprehensive libraries in the country.

Now get ready to answer the question.

The man expresses his opinion about the library late fees. State his opinion and explain the reasons he gives for having that opinion.

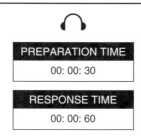

PREPARATION TIME
00: 00: 30

RESPONSE TIME
00: 00: 60

Chapter 1

Chapter 2

Chapter 3

Chapter 4

Chapter 5

Chapter 6

Notes

벌금, 늦게 반납
- 공평한 이용
- 장서를 확장/유지

듣기 노트

M: _____

1. _____
   - others wait: unfair
2. buy new bks & replace
   old ones

남: 동의
1. 사람들을 책임감 있게 만듦
   - 다른 사람 기다림: 불공평
2. 새 책을 사고 헌책을 바꿈

읽기 노트

- equal access
- _____

Response

의견 말하기

The male student agrees with ① _____

_____ .

남학생은 연체된 도서 자료에 연체료를 부과하려는 대학의 결정에 동의한다.

이유 1 말하기

Firstly, the man argues that it is unfair that ② _____

_____ .

He says that the new fees ③ _____

_____ because students are forced

to take responsibility.

첫째로, 남자는 다른 학생들이 도서관 자료를 늦게 반납하는 것을 일부 학생들이 기다려야 한다는 것은 불공평하다고 주장한다. 그는 새로운 요금이 학생들이 책임감을 갖도록 하기 때문에 자료를 공평하게 이용하도록 보장해 줄 것이라고 말한다.

이유 2 말하기

Second, the man suggests that ④ _____

_____ will go back into the library, so that it can

⑤ _____ .

He believes that this new policy will help the library ⑥ __

_____

둘째로, 남자는 연체료로 생기는 돈이 도서관으로 돌아갈 것이므로 도서관의 장서를 계속 확장하고 유지할 수 있을 것이라고 제시한다. 그는 이 새 정책이 도서관이 새 책을 사고 오래되거나 손상된 책들을 교체하는 것을 도와줄 것이라고 생각한다.

🎧 *Track 11* 정답 p.352

Reading Time: 45 seconds

Why a New Dorm?

I, for one, am disappointed with the college's housing department. Their new plan to solve the shortage of rooms on campus by building a new, all-female dorm is extremely wasteful. The proposed construction will cost huge amounts of money. Spending this sum seems especially unreasonable when we consider the fact that there actually are rooms available in the all-male halls. Allowing female students to live there would be a much wiser choice for the college and for its students. It's time our school got with the times.

Sincerely,
Dale Thorne, Junior

Now get ready to answer the question.

The woman expresses her opinion regarding the student's letter. State her opinion and explain the reasons she gives for having that opinion.

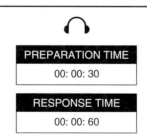

PREPARATION TIME
00: 00: 30

RESPONSE TIME
00: 00: 60

Notes ✏️

읽기 노트

_____

1. wasteful $$
2. _____
   - allow fem. Ss
   - w/ the times

여성 전용 기숙사 건설
1. 돈 낭비
2. 방 – 남성 전용 기숙사
   - 여학생들 허가
   - 시대에 맞춤

듣기 노트

W: _____

1. X live, pay
   - _____
   - male dorms – vacant
   - save $
2. _____
   - compete → co-ed

여: 동의
1. 살지 않아도 돈을 냄
   - 등록금 큰 폭 인상
   - 남자 기숙사 – 비어 있음
   - 돈 절약
2. 구식
   - 경쟁 → 혼용

Response 🎤

의견 말하기

The woman agrees with the opinion stated in the letter that

① _____.

여자는 여성 전용 기숙사를 건설하는 것이 낭비라는 편지의 의견에 동의한다.

이유 1 말하기

② _____,

so will cause their tuition to increase dramatically. ③ _____

_____

_____ because it'd save

the cost of a new dorm.

그녀의 첫 번째 이유는 기숙사 건설 비용이 비싸서, 그들의 등록금이 큰 폭으로 인상될 거라는 점이다. 그녀는 비어있는 남성 기숙사에 여학생들을 거주하게 허용하는 것이 훨씬 더 실용적일 거라고 생각하는데, 왜냐하면 새 기숙사를 건설하는 비용을 아낄 수 있기 때문이다.

이유 2 말하기

④ _____

_____. Separate male and female dorms

are ⑤ _____. And in order

for the school to compete, ⑥ _____

_____.

그녀가 제시하는 두 번째 이유는 학교가 시대의 흐름에 맞춰가야 할 필요가 있다는 것이다. 남성과 여성 기숙사를 구분 짓는 것은 구식이다. 그리고 학교가 경쟁력이 있으려면, 더 많은 혼용 주거지를 제공해야 할 필요가 있다.

🎧 **Track 13** 정답 p.354

Reading Time: 45 seconds

Announcement regarding Admissions Policy

The university will hold a meeting this week to discuss the possible establishment of affirmative action. This policy would allow a specified number of applicants whose grades do not meet enrollment standards to be considered for admission. For these applicants, the school will also take into account non-academic factors, such as social background and life experience. The school believes this will ensure that the student body remains diverse and will further its commitment to providing equal educational opportunities for all.

Now get ready to answer the question.

The student expresses his opinion about the possible change in the admissions policy. State his opinion and explain the reasons he gives for having that opinion.

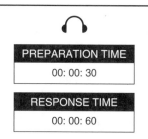

PREPARATION TIME
00: 00: 30

RESPONSE TIME
00: 00: 60

Chapter 1

Chapter 2

Chapter 3

Chapter 4

Chapter 5

Chapter 6

Notes ✏️

- 읽기 노트
- _____
- _____
- – diverse, edu. op.
- 차별 철폐
  - – 비 학문적; 배경/인생 경험
  - – 다양성, 교육적 기회

- 듣기 노트

M: glad

1. _____

   ex) smart – _____

2. _____
   - – ↑ exp., special

남: 기쁨

1. 성적 – 너무 편협

   예) 영리 – 외국 학생/교육 자
   료 없음

2. 문화에 대해 배움
   - – 경험 증진, 특별함

Response 🎤

의견 말하기

① _____

_____.

남학생은 차별 철폐 정책을 사용하려는 대학에 찬성한다.

이유 1 말하기

② _____

judging applicants solely on grades is a narrow approach.

③ _____

_____. Then,

④ _____

_____ could still

attend.

그가 계획에 동의하는 한가지 이유는 지원자를 단지 성적에 의해서만 판단하는 것은 편협한 방법이기 때문이다. 그는 학교가 배경이나 인생 경험 같은 비 학문적 요소 역시 고려해야 한다고 생각한다. 그러면, 영리한 외국 학생들과 교육 자료를 접할 수 없었던 학생들이 여전히 학교에 다닐 수 있다.

이유 2 말하기

⑤ _____

_____. ⑥ _____

_____,

and make their school more special.

이 정책의 장점은, 학생 층이 더 다양해져서, 모두가 다른 문화에 대해 배울 수 있는 더 많은 기회를 가지게 될 거라는 점이다. 더 많은 교육적 기회를 제공하는 학교는 모두를 위한 대학 경험을 증진시킬 것이며, 학교를 더 특별하게 만들어 줄 것이다.

🎧 *Track 15* 정답 p.356

Reading Time: 45 seconds

Is Security Worth the Wait?

As a member of the faculty for over 15 years, I can honestly say that I've seen some monumental changes take place on this campus. Unfortunately, some of them have been mistakes. The new security policy is one of the worst changes, since it creates more problems than it fixes. Look at the lines for the cafeteria. Students have to line up to show their IDs just to get in. It's a waste of time and students should be offended by the university's actions.

Sincerely,
Bobby Anderson, Department of Biology

Now get ready to answer the question.

The woman expresses her opinion regarding the professor's view of the school's new security policy. State her opinion and explain the reasons she gives for having that opinion.

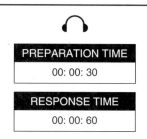

PREPARATION TIME
00: 00: 30

RESPONSE TIME
00: 00: 60

Notes 🖉

읽기 노트

_____

- lines cafe., _____

_____

- _____

새로운 보안 → 문제점들

- 식당 줄, 출입 시 학생증 제시

- 시간낭비 - 불쾌함

듣기 노트

M: _____

W: _____

1. _____

- homeless, danger.

2. _____

_____

남: 똑같다고 느낌

여: 개선

1. 안전 중요

- 노숙자, 위험

2. 만족: 더 많은 시간과 비용

- 보호

Response 🎤

의견 말하기

① _____

_____.

여자는 새로운 보안 정책이 많은 문제점을 야기한다는 교수의 제안에 동의하지 않는다.

이유 1 말하기

② _____

_____. ③ _____

_____, and it was very dangerous.

④ _____

to get into the cafeteria. ⑤ _____

_____.

그녀는 안전이 가장 중요한 것이라고 확고히 믿는다. 예전에는 식당에 노숙자들이 많아 매우 위험했었다. 이제, 학생들은 식당에 들어가기 위해 신분증을 제시해야 한다. 그 결과로 긴 줄이 생겼지만, 그녀는 식당이 훨씬 더 안전하다고 생각한다.

이유 2 말하기

⑥ _____

_____.

In fact, ⑦ _____

_____ in an effort

to protect its students.

더구나, 그녀는 그 정책이 시간 낭비이거나 그녀가 불쾌해 해야 한다고 생각하지 않는다. 사실, 그녀는 대학이 학생들을 보호하기 위해 더 많은 시간과 비용을 투자하는 것에 만족스러워 한다.

🎧 *Track 17* 정답 p.358

Hackers **T e s t**

다음 질문에 답하기 위한 노트와 답안 말하기를 완성하세요.

1. 🎧 *Track 18*

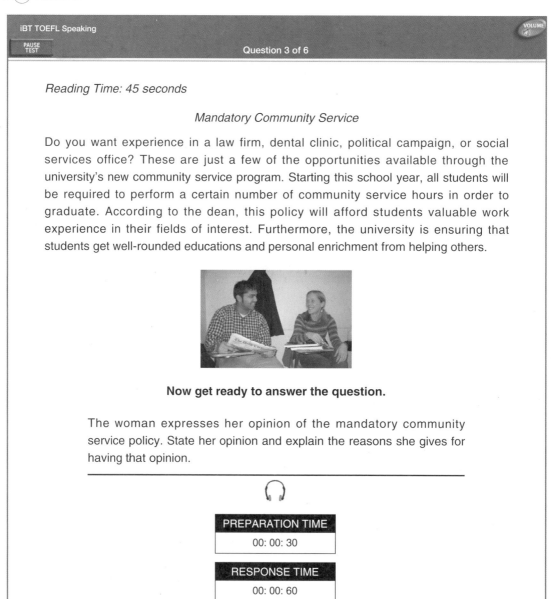

Reading Time: 45 seconds

Mandatory Community Service

Do you want experience in a law firm, dental clinic, political campaign, or social services office? These are just a few of the opportunities available through the university's new community service program. Starting this school year, all students will be required to perform a certain number of community service hours in order to graduate. According to the dean, this policy will afford students valuable work experience in their fields of interest. Furthermore, the university is ensuring that students get well-rounded educations and personal enrichment from helping others.

Now get ready to answer the question.

The woman expresses her opinion of the mandatory community service policy. State her opinion and explain the reasons she gives for having that opinion.

PREPARATION TIME
00: 00: 30

RESPONSE TIME
00: 00: 60

Notes ✏️

읽기 노트

듣기 노트

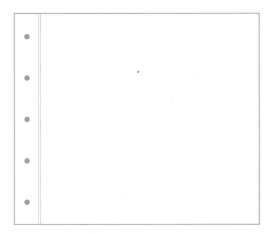

Response 🎤

🎧 *Track 19* 정답 p.360

2. *Track 20*

Reading Time: 45 seconds

From: anicolet@icu.edu
To: List suppressed
Subject: Protest our gyms opening to area residents!

Next semester, the university plans to open its gyms to local residents. For a small monthly fee, anyone residing in the county will be able to use the gyms whenever they want. But the university hasn't stopped to consider how this will affect us, the tuition-paying students. If anyone can get a membership, the gyms are going to be too crowded. As it is, we often have to wait to use machines. And with all this use, the equipment is going to wear out much faster. I encourage you to write to the Recreational Sports Office, and ask them to put their students first.

Thank you,
Amanda Nicolet

Now get ready to answer the question.

The man expresses his opinion regarding the new gym policy. State his opinion and explain the reasons he gives for having that opinion.

PREPARATION TIME
00: 00: 30

RESPONSE TIME
00: 00: 60

Notes

읽기 노트

듣기 노트

Response

Track 21 정답 p.362

3. 🎧 *Track 22*

Reading Time: 45 seconds

Plans to Expand Library System

Student enrollment and university research projects have been on the rise. As a result, over-crowding of the library system has become a major concern. The administration feels it can best serve students' needs with one of two alternatives. One plan would be to expand the main library by about 30 percent. The other plan would be to build a new library on a now-empty lot near South Campus. This is the more expensive option but, as with other libraries, the new facility would include a food court, computer lab, and lecture hall.

Now get ready to answer the question.

The woman expresses her opinion on how to improve the library system. State her opinion and explain the reasons she gives for having that opinion.

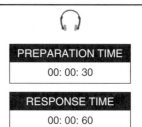

PREPARATION TIME
00: 00: 30

RESPONSE TIME
00: 00: 60

Chapter 1

Chapter 2

Chapter 3

Chapter 4

Chapter 5

Chapter 6

Notes

읽기 노트

듣기 노트

Response 🎙️

🎧 *Track 23* 정답 p.364

www.goHackers.com

Chapter 4

Q4 읽고 듣고 말하기 (2)
대학 강의

Overview

4번 문제는 3번 문제처럼 읽고 들은 내용을 바탕으로 주어진 질문에 답하는 문제이다. 그러나 학교 생활과 관련된 공지문을 읽고 대화를 들은 후 답을 하는 3번과는 달리, 4번에서는 대학 수업의 교과서에 나올만한 성격의 글을 읽은 뒤, 그 글의 토픽과 관련된 교수의 강의를 듣고 질문에 답하여 말하면 된다.

테스트 진행 방식

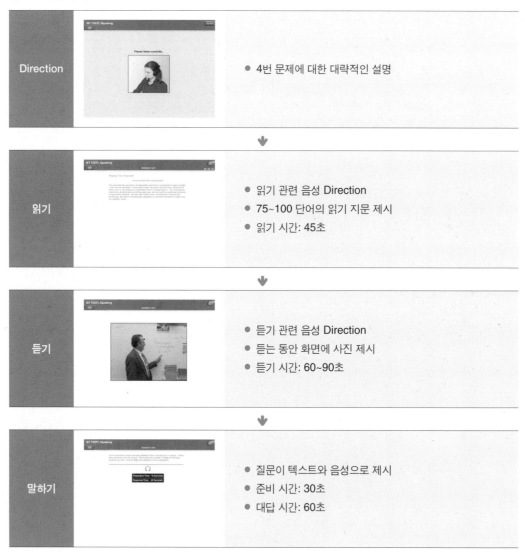

| Direction | ● 4번 문제에 대한 대략적인 설명 |

| 읽기 | ● 읽기 관련 음성 Direction
● 75~100 단어의 읽기 지문 제시
● 읽기 시간: 45초 |

| 듣기 | ● 듣기 관련 음성 Direction
● 듣는 동안 화면에 사진 제시
● 듣기 시간: 60~90초 |

| 말하기 | ● 질문이 텍스트와 음성으로 제시
● 준비 시간: 30초
● 대답 시간: 60초 |

Chapter 1
Chapter 2
Chapter 3
Chapter 4
Chapter 5
Chapter 6

질문의 핵심 포인트

질문에서는 읽기 지문의 토픽을 구체화하기 위해 강의에서 교수가 제시하는 예시를 설명할 것을 요구한다.

> **읽기의 토픽 (Topic)** 토픽의 정의 및 중심 내용 말하기
> **강의의 예시 (Example)** 토픽을 설명하기 위해 사용된 예시를 요약하여 말하기

질문의 예

The professor gives <u>**two examples of how people may alter their images**</u>. Explain how they
강의의 예
demonstrate <u>**impression management**</u>.
읽기의 토픽

교수는 사람들이 자신의 이미지를 어떻게 바꾸는지에 대한 두 가지 예를 제시합니다. 이 예들이 인상 관리를 어떻게 나타내는지를 설명하세요.

Step별 문제풀이 전략

STEP 1 읽은 내용 정리하기

- 지문을 읽고 무엇에 관한 내용인지 글의 토픽을 파악한다.
- 글의 토픽을 정의하는 중심 내용을 찾는다.
- 파악한 내용을 간략히 노트한다.

STEP 2 들은 내용 정리하기

- 강의를 듣고 토픽을 구체적으로 설명하고 있는 예시를 찾는다.
- 예시와 관련된 중심 내용을 노트 정리한다.

STEP 3 읽고 들은 내용 연계하여 말하기

- 질문의 포인트에 맞춰 준비시간 30초 동안 읽고 들은 내용을 이용하여 답안의 토대를 잡는다.
- 강의에서 정리한 내용을 바탕으로 이와 관련된 읽기 내용을 첨가해 주어진 질문에 답한다.

기본다지기

I. 유형별 표현

4번 질문에서는 교수가 특정한 토픽을 설명하기 위해 강의에서 제시한 예시 및 구체적 정보가 무엇인지를 묻는다. 교수가 설명한 주요 포인트와 예를 전달할 때 쓸 수 있는 표현들을 익혀 답안을 말할 때 응용할 수 있도록 한다.

1. 토픽 문장을 말할 때 쓸 수 있는 표현 🎧 *Track 1*

❶ 교수는 ~의 두 가지 예를 제시한다
The professor gives two examples of

교수는 과학자들이 통계를 이용하는 방법의 두 가지 예를 제시한다.
The professor gives two examples of how scientists use statistics.

❷ 교수는 [강의는] ~을 설명한다
The professor [lecture] describes ~

교수는 20세기 초에 말라리아가 어떻게 치료되었는지를 설명한다.
The professor describes how malaria was treated in the early 20th century.

❸ 교수는 ~에 대해 이야기 한다
The professor talks about

교수는 사람들이 왜 종종 부적절한 때에 웃는지에 대해 이야기 한다.
The professor talks about why people often laugh at inappropriate times.

❹ 교수는 ~을 보여준다
The professor shows ~

교수는 더 자주 웃는 사람들이 더 행복한 경향이 있다는 것을 보여준다.
The professor shows that people who smile more frequently tend to be happier.

❺ 이 두 가지의 예에서
In both of these examples

이 두 가지의 예에서, 우두머리 동물은 다른 동물들에 대한 통제력을 유지한다.
In both of these examples, the head animal maintains its control over the others.

Chapter 1
Chapter 2
Chapter 3
Chapter 4
Chapter 5
Chapter 6

2. 예시와 부연설명을 말할 때 쓸 수 있는 표현　🎧 *Track 1*

❻ 첫 번째 [두 번째] 예에서
In the first [second] example

첫 번째 예에서, 개들은 사람을 그들 집단의 지도자로 인식한다
In the first example, dogs recognize humans as their pack leaders.
＊집단, 무리 pack

❼ 교수는 먼저 ~을 이야기한다
The professor first says ~

교수는 먼저 사람들이 지구가 우주의 중심이라고 믿었다는 것을 이야기한다.
The professor first says that people believed the earth was the center of the universe.

❽ 주어는 ~의 예이다
주어 be an example of

도시 국가는 독립 국가의 예이다.
A city-state **is an example of** a sovereign nation.
＊독립 국가 sovereign nation

❾ 교수가 제시하는 (또) 다른 예는 ~이다
Another [The other] example the professor gives is ~

교수가 제시하는 또 다른 예는 바다에서 발견되는 소금의 양의 감소이다.
Another example the professor gives is the decreased amount of salt found in the oceans.

❿ 반면에
On the other hand

반면에, 인쇄기는 책의 가격을 대폭 낮추었다.
On the other hand, the printing press drastically lowered the cost of books.
＊인쇄기 printing press　＊~을 낮추다 lower

다음 문장을 영어로 말해보세요.

1 거위는 겨울에 남쪽으로 이주하는 새의 예이다.
＊거위 goose ＊이주하다 migrate

2 교수는 인간 발달에 있어 유전자의 중요성을 설명한다.
＊인간 발달 human development ＊유전자 gene

3 교수는 먼저 전화가 사람들이 신속하게 의사소통을 하도록 했다는 것을 이야기한다.
＊신속하게 quickly ＊A가 ~하도록 하다 allow A to ~ ＊의사소통 하다 communicate

4 교수가 제시하는 또 다른 예는 돌고래가 의사소통을 하는 방식이다.
＊돌고래 dolphin

5 이 두 가지의 예에서, 물은 에너지를 발생시키기 위해 사용된다.
＊발생시키다 generate

6 첫 번째 예에서, 늑대는 냄새를 이용하여 영역을 표시한다.
＊냄새 scent ＊영역 territory ＊표시하다 mark

Chapter 1

Chapter 2

Chapter 3

Chapter 4

Chapter 5

Chapter 6

7 교수는 길들여진 동물의 두 가지 예를 제시한다.
*길들여진 domesticated

8 교수는 모든 육지 동물들이 해양 동물로부터 진화했다는 것을 보여준다.
*육지 동물 land animal   *해양 동물 water animal   *진화하다 evolve

9 반면에, 포식동물은 공격으로부터 그들의 새끼들을 보호해야만 한다.
*포식동물 predator   *공격 attack   *[집합적] 새끼 young

10 두 번째 예에서, 두려움은 한 사람의 일상 생활을 심각하게 파괴했다.
*두려움 fear   *일상 생활 daily life   *파괴하다 disrupt

11 교수는 다른 종류의 비언어적 의사소통에 대해 이야기 한다.
*비언어적인 nonverbal

12 교수는 사람들이 좀 더 마음에 들기 위해 어떻게 자신을 변화시키는지를 설명한다.
*마음에 드는, 호감이 가는 likeable

🎧 *Track 2* 정답 p.367

4번 문제의 읽기 지문을 읽을 때는 주어진 토픽의 개념을 파악해 내는 것이 가장 중요하다. 다음 문제들을 통해, 짧은 글을 읽고 친숙하지 않은 토픽의 정의를 신속하게 파악한 뒤, 나의 말로 옮겨 설명할 수 있는 능력을 기르도록 한다.

🎧 *Track 3*

Example

Carrying Capacity

The carrying capacity of a habitat is the size of the population that the area can support. There must be enough food and space for individuals to continue to reproduce.

Q According to the passage, what is carrying capacity?

Carrying capacity is the population of individuals that have enough food and space to reproduce in a habitat.

● 지문 내용 정리
'수용 능력'에 대한 글을 읽고, 이 토픽의 개념을 파악해야 한다. 토픽을 설명하는데 핵심이 되는 어휘들을 노트에 간단히 정리한다.

● 질문에 답하기
토픽의 정의를 묻는 질문에, 읽고 파악한 내용을 토대로 '수용 능력'의 의미를 완전한 문장으로 풀어 설명한다.

해석

수용 능력

서식지의 수용 능력이란 특정 지역이 부양할 수 있는 집단의 규모를 말한다. 개체들이 계속 번식하기 위해 충분한 식량과 공간이 있어야 한다.

Q: 지문에 따르면, 수용 능력이란 무엇인가?
A: 수용 능력은 한 서식지에서 번식을 위해 충분한 식량과 공간을 가진 개체들의 집단이다.

어휘
habitat[hǽbitæt] 서식지, 거주지   population[pàpjuléiʃən] 집단, 개체군   reproduce[rìːprədjúːs] 번식(생식)하다

Check-up

다음 글을 읽고 질문에 답하세요.

1 *Chaos Theory*

Chaos theory attempts to explain systems in which a small difference in initial conditions can drastically change the final outcome. This quality makes internal movement relatively unpredictable.

Q According to the passage, what does chaos theory study?

2 *Permaculture*

The permaculture movement has risen against agricultural practices that result in harm to the environment. It encourages imitating nature's methods to create sustainable habitats for human use.

Q Based on this passage, what is permaculture?

3 *Lucid Dreams*

Lucid dreams are those in which people recognize that they are dreaming. Research has indicated that people can be taught to achieve lucid dreams and control their actions throughout.

Q Based on the reading, what are lucid dreams?

Track 3 정답 p.367

4 Social Roles

Sociologists theorize that individuals are expected to act in specific ways, according to their positions in society. These collected sets of behavior are known as social roles.

Q What is a social role in sociology?

5 Biometrics

All individuals have certain traits that are difficult, if not impossible, to imitate. Biometrics is concerned with how these unique physical and behavioral characteristics can be used for identification purposes.

Q Based on the reading, what is biometrics?

6 Subliminal Messages

A signal that is intended to go unnoticed by the conscious mind, but perceived by the subconscious is referred to as a subliminal message. This can be used to influence people without their knowledge.

Q According to the reading, what are subliminal messages?

Track 3 정답 p.368

7 *Conservation of Energy*

'Conservation of energy' is a fundamental law of physics, which states that the amount of energy in the world does not change. It may be converted into another form, such as heat or light, but the total quantity remains the same.

Q According to the reading, what does the 'conservation of energy' law state?

8 *Fallacy*

A fallacy, in the context of debate, is a flawed argument. More specifically, it is a conclusion that is based on mistakes made in reasoning. In order to debate a fallacious argument, it is necessary to identify where the logic breaks down.

Q Based on the passage, what is a fallacy?

9 *Contrarian Investing*

Investors who trade according to contrarian philosophy tend to act contrary to traditional wisdom because they feel that swings in the market are temporary in nature. Therefore, they might buy stocks that are unpopular at the moment and wait for them to regain their value to sell.

Q How do contrarians tend to behave in the market?

🎧 *Track 3* 정답 p.369

4번 문제의 강의는 읽기 지문에서 언급된 개념을 이해하기 쉽게 설명하기 위한 예시들로 이루어져있다. 다음 문제들을 통해 강의의 내용을 이해하고 주요 내용을 조리있게 전달하는 연습을 해보자.

 Track 4

Example

 Another example is the baby boomers... you know, the folks born in the US in the 50s. Since they were born in the same period, most had similar experiences growing up.

in US 50s

born same ∴ similar exp.

미국 50 년대

같이 태어나서 비슷한 경험

Q According to the speaker, who are the baby boomers?

Baby boomers are a group of people born at about the same time in the US, in the 1950s. As a result, they had similar experiences.

● 강의 내용 정리
동일한 인구적 특성을 가진 집단의 예로 베이비 붐 세대가 제시되고 있다. 예를 설명하는 중요 포인트들을 찾아 노트에 정리한다.

● 질문에 답하기
베이비 붐 세대가 누구인지를 묻는 질문에, 그들이 어떠한 특징을 가지고 있는지를 설명해야 한다. 강의를 들으면서 정리한 내용을 문장으로 풀어 답한다.

해석
또 다른 예는 50년대에 미국에서 태어난 베이비 붐 세대입니다. 그들은 같은 시기에 태어났기 때문에, 대부분 성장하면서 비슷한 경험을 했습니다.

Q: 화자에 의하면, 베이비 붐 세대는 누구인가?
A: 베이비 붐 세대는 미국에서 1950년대에 거의 같은 시기에 태어난 사람들이다. 그 결과, 그들은 비슷한 경험을 했다.

어휘
folk[fóuk] [집합적] 사람들   approximately[əpráksəmətli] 대략   grow up 자라나다, 어른이 되다

Check-up

Chapter 1
Chapter 2
Chapter 3
Chapter 4
Chapter 5
Chapter 6

다음 녹음 내용을 듣고 질문에 답하세요.

1

Q How does the professor illustrate the idea of opportunity cost?

2

Q What does the professor say about salmon's spatial memory?

3

Q On what aspect of conversation does this area of study focus?

🎧 *Track 4* 정답 p.371

4 🎧

Q Describe the relationship between bees and flowers.

🎤

5 🎧

Q How might people react differently depending on whether they are in a blue- or pink-colored room?

🎤

6 🎧

Q How did the city demonstrate that cars and pedestrians could coexist?

🎤

🎧 *Track 4* 정답 p.372

7

Q According to the coin-toss example, what happens to probability over time?

8

Q How does the professor describe the feeling of déjà vu?

9

Q How does a baby-sitter demonstrate a moral hazard?

Track 4 정답 p.373

실전익히기

I. 읽고 들은 내용 정리하기

4번 문제는 읽고 들은 내용을 이용하여 답안을 구성해야 한다. 읽기 지문에서 토픽에 대한 개념 설명과 기본적인 배경지식을 파악하고, 강의에서 구체적 예시와 부연설명을 정리하여 말하기를 위한 토대를 마련한다.

읽기 지문과 듣기 지문의 관계

읽기와 듣기 지문에서는 한가지 동일한 토픽을 다른 방식으로 설명하고 있다. 먼저, 읽기에서 토픽의 전반적인 개념을 서술하고 (General), 이어지는 듣기에서 그 토픽에 적용되는 사례들을 자세히 설명한다 (Specific).

읽기
• 토픽의 개념 정의

듣기
• 예시와 부연설명

예) 특정 토픽에 대한 글을 읽은 뒤 교수의 강의 듣기

읽기	
토픽	선택적 주의 (Selective Attention)
개념 정의	자신의 관심에 따라 중요한 정보만을 인지하고, 기타 상관없는 정보는 무시하는 것

듣기
[선택적 주의의 두 가지 예시]
예시 1 강의실에서 다른 소음들을 배제하고 교수의 강의에 귀를 기울이는 것
예시 2 시끄러운 파티에서 친구와의 대화에만 집중하거나, 다른 사람이 나의 이름을 부르는 것을 듣는 것

1. 읽은 내용 정리하기

읽기 지문에는 대학 교과서에서 볼 수 있는 정보성 글이 실린다. 주로 전문 용어나 학술적 개념, 또는 특정 현상을 정의 내려 설명한다. 이는 곧 이어지는 리스닝 강의의 배경지식이 되므로, 지문의 내용을 충분히 이해하고 중요 내용을 노트 정리해 둔다.

① 읽기 지문의 구성

지문을 읽고 토픽의 개념을 파악하는데 중심이 되는 내용을 파악해야 한다.

● **제목**

제목은 읽기 지문과 강의에서 다루는 전체 토픽을 명시한다. 토픽은 다소 생소할 수 있으니, 이어지는 지문에서 그 개념을 파악하도록 한다.

ex) Impression Management   인상 관리

Decision Framing   의사 결정

● **개념 정의**

지문에서는 토픽의 개념이 서술된다. 토픽을 정의하는 키워드 및 중심 내용을 찾아, 토픽의 전반적인 의미를 이해하도록 한다.

ex) Impression management is the act of manipulating the image projected by an individual.
인상 관리는 한 개인이 나타내는 이미지를 만들어 내는 행위이다.

They use an appropriate "mental script," a prepared set of actions and responses for interaction between an individual and others in the environment.
사람들은 적절한 "정신 각본"을 사용하는데, 그것은 특정 환경에 있는 개인과 타인간의 상호 작용을 위해 준비된 일련의 행동과 반응을 말한다.

읽기 지문의 예

Reading Time: 45 seconds

Impression Management

Impression management is the act of **manipulating the image** projected by an individual. In order to achieve a certain impression, people attempt to present their appearance and actions in ways that **highlight** certain specific **positive traits**. The desired self-presentation changes according to what a person believes **others expect** in a particular **context**. Thus, a person may choose to draw attention to one set of characteristics in some circumstances, and present another in a different situation.

제목 전체 토픽
- 인상 관리

개념 정의 토픽의 정의
- 이미지를 만듦
- 긍정적 특성을 강조
- 상황에 따른 타인의 기대

❷ 읽기 노트 정리하기

읽기 내용을 정리할 때는 토픽과 개념 부분으로 나누어 주요 포인트를 노트에 적는다.

● **토픽 정리**

지문에서 정의하고 있는 토픽을 노트의 맨 위에 적는다.

● **개념 정리**

토픽의 개념을 이해하는데 핵심이 되는 키워드를 토픽 아래에 차례로 적는다.

읽기 노트정리의 예

Impress. manag. 인상 관리
= manip. image 이미지 만들기
 – highlight pos. traits 긍정적 특성 강조
 – others expect. – contexts
 타인의 기대 – 상황

토픽
개념

1. 주어진 시간은 45초뿐이므로 자세히 읽으려 하기 보다는 주요 포인트 파악을 중심으로 읽도록 한다. 처음에는 빠르게 훑어본 후 주요 포인트가 파악되면 그 부분만 다시 한 번 읽어 보는 것도 도움이 된다.

2. 읽기 지문을 완벽히 이해하지 못했다 하더라도 강의를 통해 토픽의 개념을 다시 확인해 볼 수 있으므로, 당황하지 말고 듣기에 집중한다.

2. 들은 내용 정리하기

앞서 읽은 지문과 동일한 토픽에 대한 강의가 주어진다. 강의에서는 토픽에 관한 실질적인 예시와 구체적인 정보를 제공함으로써 지문의 내용을 확장시켜 전개한다. 질문의 중심은 읽기보다 강의에 맞추어 있으므로 집중해서 듣고 주요 포인트를 노트 정리해 두도록 한다.

❶ 듣기 지문의 구성

강의에서는 비교적 간단한 도입 후에 토픽에 대한 구체적 예시와 그에 대한 설명이 주어진다.

● **도입**
지문과 강의의 연관성을 밝히는 부분으로, 읽기에서 다룬 토픽을 언급하며 강의를 시작한다.

ex) All people want to make good impressions when they meet other people...
모든 사람들은 타인을 만날 때 좋은 인상을 남기고 싶어합니다...

Now, each individual has a different mental script from everyone else...
모든 사람들은 각기 다른 정신 각본을 가지고 있습니다...

● **예시와 부연설명**
토픽을 예증하기 위한 구체적 예시가 부연설명과 함께 한 두 가지 제시된다. 교수는 토픽에 적용되는 대표적인 예를 들거나, 자신의 개인적인 경험담을 소개하기도 한다.

ex) Remember, last week, when you gave your presentations? Why were you all dressed up in suits then?
지난 주에, 여러분이 프레젠테이션을 했을 때가 기억나요? 그때는 왜 모두 정장을 입었을까요?

A few weeks ago, I went to a restaurant and was extremely surprised when the waiter approached and asked me, "Are you ready to sing?"
몇 주 전에 레스토랑에 갔었는데, 웨이터가 다가와 "노래 부르실 준비가 되셨습니까?"하고 물어 굉장히 놀랐습니다.

Chapter 1
Chapter 2
Chapter 3
Chapter 4
Chapter 5
Chapter 6

듣기 지문의 예

All people want to make **good impressions** when they meet other people... well, to some degree at least. Let me give you some examples.

도입 토픽 언급
인상 관리

Look around you. How's everyone dressed today? Jeans, t-shirts, hats... Remember, last week, when you gave your **presentations**? Why were you all dressed up in **suits** then? It's simple. By wearing a suit, you tried to look **professional**, so that your classmates and I would take you more **seriously**. So, you were willing to **change** how you **dressed** in order to help your image.

예시 1 토픽에 대한 첫 번째 예
프레젠테이션 때 학생들의 의상

Now, this next example is a little more personal and well... a little embarrassing. When I first started teaching here, the **dean** once asked if I could give him **a ride home**. So, what I did was... I got my **car washed** and threw out all the **garbage** in the back seat... I also put a tape of **classical music** in – one that I had to borrow since I don't listen to classical.

예시 2 토픽에 대한 두 번째 예
교수가 학장에게 잘 보이려고 한 일

② 듣기 노트 정리하기

들은 내용을 정리할 때는 토픽을 상세 설명하기 위해 제시되는 키워드 및 주요 포인트를 정리한다.

● **예시와 부연설명 정리**
예시를 노트의 맨 윗부분에 적고, 해당되는 부연설명은 아래에 칸을 들이고 차례로 적는다. 두 번째 예시가 나오면 같은 방식으로 이어 적으면 된다.

듣기 노트정리의 예

> 1. Presenta. 프레젠테이션
>   – suits: pro., seriously 정장: 전문적, 심각하게
>   – change dress 옷을 바꿈
>
> 2. Dean → ride home 학장 → 집에 태워다 줌
>   – car wash, garbage, classic.
>   세차, 쓰레기, 클래식

예시와 부연설명 1

예시와 부연설명 2

강의 중 교수가 주요 포인트를 말하거나 다음 포인트로 넘어갈 때 이를 감지하는 데 단서가 되는 표현이 자주 나온다. 이 표현들을 익혀두면 강의의 전개를 따라가는데 도움이 된다.

Chapter 1
Chapter 2
Chapter 3
Chapter 4
Chapter 5
Chapter 6

강의의 주제를 언급할 때 쓰는 표현

1. **Today we'll be looking at** the ways that animals protect themselves from predators.
   오늘은 동물들이 포식자로부터 자신을 보호하는 방법에 대해 알아 보겠습니다.

2. **What I want to talk about is** how certain animals use sound waves to migrate.
   제가 얘기하고 싶은 건 특정 동물들이 이주를 할 때 어떻게 음파를 사용하는가 입니다.

두 가지 포인트를 비교/대조할 때 쓰는 표현

3. **It's exactly the opposite with** Victorian-era fashion.
   그것은 빅토리아 시대의 패션과는 정반대입니다.

4. **Compared to** Abraham Lincoln, Thomas Jefferson had an ambiguous view of slavery.
   아브라함 링컨과 비교해 봤을 때, 토마스 제퍼슨은 노예제도에 대해 모호한 관점을 가지고 있었습니다.

5. **On the contrary**, certain bird species leave their homes in search of warmer climates.
   이에 반하여, 어떤 조류들은 따뜻한 기후를 찾아 그들의 고향을 떠납니다.

예를 들어 설명할 때 쓰는 표현

6. **For example/instance**, some lizards have patterns warning others that they are poisonous.
   예를 들어, 어떤 도마뱀은 독성이 있음을 다른 이에게 경고하는 무늬가 있습니다.

7. **Let's (take a) look at an example of** involuntary body language.
   무의식적인 바디랭귀지의 한 가지 예를 살펴봅시다.

중요 포인트를 강조할 때 쓰는 표현

8. **Remember that** companies can enhance revenues by marketing to consumers aged 8 to 12.
   8살에서 12살의 소비자들을 겨냥해 마케팅을 함으로써 회사들이 수입을 증대시킬 수 있다는 점을 기억하십시오.

9. **What I'd like to stress/emphasize is**, not all people require 8 hours of sleep for good health.
   제가 강조하고 싶은 것은, 모든 사람이 좋은 건강을 위해 8시간의 수면을 필요로 하지는 않는다는 것입니다.

10. **The important thing is that** it takes time and patience to build brand power.
    중요한 것은 브랜드 파워를 키우는데 시간과 인내가 필요하다는 것이다.

Tips

표현 외에도 듣기의 흐름을 이해하는데 도움이 되는 강의 외적인 단서가 있다. 즉, 중요한 포인트를 말하기 전에 교수가 말을 잠깐 멈추거나, 새로운 내용으로 넘어가는 부분에서 음성의 톤이 변하기도 한다.

다음 질문에 답하기 위한 노트를 완성하세요.

1. 🎧 *Track 5*

Reading Time: 45 seconds

Paralanguage

Paralanguage is a form of interaction that includes all non-verbal forms of communication, such as body language and other signals. It is used alongside word content, consciously and unconsciously, to express emotions and mood. Thus, paralanguage clarifies ambiguities and intentions in spoken and written text. In the modern age, it has also been adapted for electronic communications, including text messages and e-mail.

Please listen carefully. 🎧

Notes ✏️

읽기 노트

- 토픽

    Paralag.

- 개념

    – _____

        : body lang. etc

    – express emotion, mood

    – clarify ambig./intent.

    – _____

듣기 노트

- 예시와 부연설명 1

    1. _____

        – unspok. agreemnt, secret

        ex) _____

- 예시와 부연설명 2

    2. _____

        – avoid misunderst.

        – X rely on tone, body lang.

정답 p.375

Chapter 1
Chapter 2
Chapter 3
Chapter 4
Chapter 5
Chapter 6

2. Track 6

Reading Time: 45 seconds

Alternative Fuels

Today, we are in search of an alternative to fossil fuels to power our civilization, but it must fit certain conditions. One requirement is that it must be cost-effective. The amount of fuel available is very important because the more that exists, the cheaper it will be. Moreover, the next fuel must be environmentally friendly. It must be clean burning, so as to minimize harmful chemicals that pollute the air.

Please listen carefully.

Notes ✎

읽기 노트

듣기 노트

토픽
alt. to fossil fuels
개념
– _____
: ↑ exist = cheaper
– _____
: clean burning → ↓ chems.

예시와 부연설명
Hydrogen
– _____
: ∞ supply, _____
– _____
: water, X CO_2,
↓ pollut., smog
– _____

정답 p.376

Reading Time: 45 seconds

Controlled Variables

Experiments are supposed to test a theory, to explain the cause of a certain event. To insure a conclusive result, experiments should keep all potential variables constant except one. The parts of the experiment which do not change are called the controlled variables. If these are kept the same every time the experiment is run, the researchers' results are more likely to be accurate, and thus, accepted by the scientific community.

Please listen carefully. 🎧

Notes ✏️

읽기 노트

• 토픽
_____
•
개념
• – _____
– X change
• – _____
•

듣기 노트

• 예시와 부연설명
_____
• 8/40 died – unrelat. factors?
• – _____
– alt. explan. – sick, water contam.?
• – _____
•

정답 p.378

4. *Track 8*

Reading Time: 45 seconds

Sleep Learning

Every animal sleeps; however, sleep's biological role has remained a mystery until recently. New research has shown that sleep plays a critical role in the formation of memories. While asleep, the brain consolidates the information received during the day and converts it into a more permanent form. Without this mechanism for storing information, the brain is unable to retain details and skills long term, limiting learning and skill acquisition.

Please listen carefully.

Notes 🖊

읽기 노트

듣기 노트

정답 p.379

II. 읽고 들은 내용 연계하여 말하기

듣기가 끝나고 문제를 받고 나면 정리한 노트를 참고하여 답안을 구성하여 말한다. 들은 내용을 중심으로 교수가 설명한 예시를 풀어 설명하되, 필요에 따라 읽기에서 파악한 토픽의 개념을 추가하여 답한다.

답안 말하기의 순서

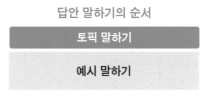

1. 토픽 문장 말하기

답안을 시작할 때는 교수가 강의에서 특정한 토픽에 대한 예를 설명하고 있다는 전반적인 내용을 언급하는 것이 좋다. 이렇게 하면, 읽기 지문의 토픽을 언급하며 자연스럽게 두 개 노트의 정보를 연계하여 말할 수 있다. 이때 질문지의 표현을 이용하거나, 토픽의 개념을 간단히 설명해 주어도 좋다.

토픽 문장 말하기의 예

토픽 문장 말하기 주요 표현 리스트

1. The professor gives two examples of : 교수는 ~의 두 가지 예를 제시한다
2. The professor describes ~ : 교수는 ~을 설명한다
3. The professor talks about : 교수는 ~에 대해 이야기 한다
4. The professor shows ~ : 교수는 ~을 보여준다

Tips
읽기 지문에서 정리한 토픽의 개념을 처음부터 모두 설명하려고 애쓸 필요는 없다. 질문에서 직접적으로 요구하고 있지 않으므로, 토픽 문장 말하기를 생략하고 강의의 내용에 좀더 많은 시간을 할애할 수도 있다.

2. 예시와 부연설명 말하기

듣기 노트를 바탕으로 교수가 제시한 예시와 부연설명을 간결하고 쉽게 자신의 말로 풀어 말한다.
이때 각 예시에 토픽의 개념을 적용할 수 있으면, 읽기 노트의 내용을 연결하여 함께 설명한다.

예시와 부연설명 말하기의 예

읽기 노트

Response

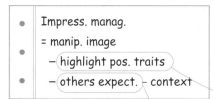

- Impress. manag.
- = manip. image
  - highlight pos. traits
  - others expect. - context

듣기 노트

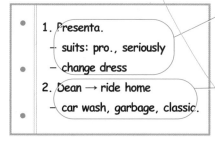

- 1. Presenta.
  - suits: pro., seriously
  - change dress
- 2. Dean → ride home
  - car wash, garbage, classic.

예시와 부연설명 1 말하기

He first says that [when the students gave presentations, they were wearing suits. They were trying to look more professional, so that they would be taken seriously. They changed the way they dressed] to [highlight their positive traits.]

예시와 부연설명 2 말하기

In the second example, [a dean had asked the professor for a ride home. So, the professor had his car washed, removed the garbage, and put in a tape of classical music.] He did this to try to [meet the dean's expectations of him.]

예시와 부연설명 말하기 주요 표현 리스트

1. In the first [second] example : 첫 번째 [두 번째] 예에서
2. The professor first says ~ : 교수는 먼저 ~을 이야기한다.
3. 주어 be an example of : ~는 -의 예이다
4. Another example the professor gives is ~ : 교수가 제시하는 또 다른 예는 ~이다

Tips

질문에서 읽고 들은 내용의 전반적인 요약을 묻는 대신, 간혹 2~3개의 구체적인 형태로 질문이 주어질 수도 있다.
이때는 각 질문의 답을 읽기와 듣기 노트에서 개별적으로 찾되, 답변시 놓치는 내용이 없도록 시간 배분에 주의한다.

ex) **Describe** the mock trials and **what** the results of the studies were. **Explain why** people made that kind of decisions.
모의재판을 묘사하고 그 연구의 결과가 무엇이었는지 말하세요. 사람들이 그러한 결정을 내린 이유를 설명하세요.

실제 STEP별 샘플

Question Step *Track 9*

Narrator Now read the passage about impression management. You have 45 seconds to read the passage. Begin reading now.

Step 1 지문 읽기

Reading Time: 45 seconds

Impression Management

Impression management is the act of manipulating the image projected by an individual. In order to achieve a certain impression, people attempt to present their appearance and actions in ways that highlight certain specific positive traits. The desired self-presentation changes according to what a person believes others expect in a particular context. Thus, a person may choose to draw attention to one set of characteristics in some circumstances, and present another in a different situation.

Step 2 강의 듣기

Narrator Now listen to part of a lecture on this topic in a psychology class.

Professor: All people want to make good impressions when they meet other people... well, to some degree at least. Let me give you some examples.

Look around you. How's everyone dressed today? Jeans, t-shirts, hats... Remember, last week, when you gave your presentations? Why were you all dressed up in suits then? It's simple. By wearing a suit, you tried to look professional, so that your classmates and I would take you more seriously. So, you were willing to change how you dressed in order to help your image.

Now, this next example is a little more personal and, well... a little embarrassing. Okay, when I first started teaching here, the dean once asked if I could give him a ride home. So, what I did was... I got my car washed and threw out all the garbage in the back seat... I also put a tape of classical music in – one that I had to borrow since I don't listen to classical.

Step 3 질문 듣기

Narrator The professor gives two examples of how people may alter their images. Explain how they demonstrate impression management.

Chapter 1

Chapter 2

Chapter 3

Chapter 4

Chapter 5

Chapter 6

Answer Step

Step 1 노트 정리하기

읽기 노트

> - Impress. manag.
> - = manip. image
>   – highlight pos. traits
>   – others expect. – context

듣기 노트

> 1. Presenta.
>   – suits: pro., seriously
>   – change dress
>
> 2. Dean → ride home
>   – car wash, garbage, classic.

Step 2 연계하여 말하기 🎧 *Track 9*

 The professor gives two examples of impression management, or how people try to manipulate their images.

He first says that when the students gave presentations, they were wearing suits. They were trying to look more professional, so that they would be taken seriously. They changed the way they dressed to highlight their positive traits.

In the second example, a dean had asked the professor for a ride home. So, the professor had his car washed, removed the garbage, and put in a tape of classical music. He did this to try to meet the dean's expectations of him.

해석

Reading

인상 관리에 관한 글을 읽어보세요. 글을 읽는데 45초가 주어질 것입니다. 이제 읽기 시작하세요.

읽기 시간: 45초

인상 관리

인상 관리는 한 개인이 나타내는 이미지를 만들어 내는 행위이다. 어떤 특정한 인상을 얻기 위해서, 사람들은 구체적인 긍정적 특성들을 강조하는 방법으로 그들의 외모와 행동을 보여주려고 한다. 바람직한 자기 표현은 타인이 특정 상황에서 기대하는 것이 무엇인가에 대한 개인의 의견에 따라 변하게 된다. 따라서, 어느 상황에서는 어떠한 특성들로 관심을 끌려 할 수 있고, 다른 상황에서는 또 다른 특성을 드러낼 수도 있다.

manipulate[mənípjulèit] 조작하다, 다루다　project[prádʒekt] 표현하다, 투영하다
attempt to ~ ~하려고 노력하다, ~을 시도해 보다　present[prizént] 나타내다, 드러내다
highlight[hàiláit] 강조하다, 두드러지게 하다　trait[tréit] 특성, 특질　desired[dizáiərd] 바람직한, 좋은
context[kántekst] 상황, 문맥　draw attention to ~으로 관심을 끌다　circumstance[sə́ːrkəmstæns] 상황, 환경

Listening

이제 심리학 수업에서 이 주제에 대한 강의의 일부를 들어보세요.

모든 사람들은 타인을 만날 때 좋은 인상을 남기고 싶어합니다... 적어도 어느 정도는 말입니다. 제가 몇 가지 예를 들어보죠. 여러분 주위를 보세요. 오늘 모두 어떤 옷을 입었나요? 청바지, 티셔츠, 모자... 지난 주에, 여러분이 프레젠테이션을 했을 때가 기억나나요? 그때는 왜 모두 정장을 입었을까요? 대답은 간단합니다. 정장을 입음으로써, 전문적으로 보이려고 한 것입니다. 동료들과 제가 여러분을 좀 더 진지하게 받아들이도록 말이죠. 여러분은 이미지에 도움을 주기 위해 기꺼이 옷 입는 방식을 바꿨던 것입니다.

자, 다음 예는 좀 더 개인적이면서 약간은 부끄러운 얘깁니다... 제가 처음 여기서 가르치기 시작했을 때, 한번은 학장님이 집까지 차를 태워줄 수 있느냐고 제게 물어보셨습니다. 그래서 제가 한 일은... 세차를 하고 뒷좌석에 있는 쓰레기를 모두 내다버렸습니다. 그리고 클래식 음악 테이프를 넣어 두었는데, 전 클래식을 듣지 않기 때문에 그 테이프를 빌려야만 했죠.

교수는 사람들이 자신의 이미지를 어떻게 바꾸는지에 대한 두 가지 예를 제시합니다. 이 예들이 인상 관리를 어떻게 나타내는지를 설명하세요.

make an impression 인상을 주다　to some degree 약간, 어느 정도　embarrassing[imbǽrəsiŋ] 부끄러운, 난처하게 하는
give someone a ride 누군가를 (탈것에) 태워주다　throw out ~을 내던지다, 버리다

Response

교수는 인상 관리, 즉 사람들이 어떻게 자신의 이미지를 만들어내고자 하는지에 대한 두 가지 예를 제시한다.
그는 먼저 학생들이 프레젠테이션을 할 때, 정장을 입고 있었던 것을 이야기한다. 그들은 전문적으로 보여서 진지하게 받아들여지려고 노력했다. 그들은 자신의 긍정적인 특성을 강조하기 위해 옷 입는 방식을 바꾸었던 것이다.
두 번째 예에서, 학장은 교수에게 집까지 태워다 달라고 요청했다. 그래서 교수는 세차를 하고, 쓰레기를 치운 뒤, 클래식 테이프를 넣어 놓았다. 그는 자신에 대한 학장의 기대에 부응하기 위해 이렇게 했던 것이다.

Chapter 1

Chapter 2

Chapter 3

Chapter 4

Chapter 5

Chapter 6

www.goHackers.com

다음 질문에 답하기 위한 노트와 답안 말하기를 완성하세요.

1. 🎧 *Track 10*

Reading Time: 45 seconds

Cold Reading

Cold reading is a method in which an individual makes very broad statements for the purpose of eliciting more specific responses from another person. The person being questioned is under the impression that the speaker already knows the information and is just trying to confirm details. The term "cold" implies that the speaker has no prior knowledge of the subject and is "reading" the person in order to narrow down what is correct.

Now get ready to answer the question.

The professor describes a personality analysis. Explain how it demonstrates the "cold reading" technique.

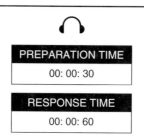

PREPARATION TIME
00: 00: 30

RESPONSE TIME
00: 00: 60

Notes ✏️

```
• 읽기 노트

•    _____
   : broad statemt, spec. resp.
•   – impr. – already know

•   – _____
    – read to narrow

•  냉독술
•  : 광범위한 진술, 특정한 대답
   – 인상 – 이미 알고 있음
•  – 냉: 사전 지식 없음
   – 읽어 줘혀 나감
```

```
•  듣기 노트

•    _____
   – vague statemt.
•   : sound spec. but apply
     pop.
•   – _____
     ex) man w/ glasses
•    correct → know all

•  심령술사
   – 모호한 진술
•   : 특정하게 들리나 대부분에게
      해당
•  – 정확한 정보 → 많은 추측과 질문
   예) 안경 쓴 남자
•    정확 → 모든 걸 앎
```

Response

토픽 문장 말하기

① _____

_____ to explain cold reading.

교수는 냉독술을 설명하기 위해 성격 분석을 하는 사람의 예를 설명한다.

예시와 부연설명 1 말하기

The first thing the supposed "psychic" does is ② _____

_____ that sound specific but apply to

many people in the population. ③ _____

_____, but gets specific

responses from them by using broad statements.

"심령술사"로 여겨지는 사람이 첫 번째로 하는 것은 특정하게 들리지만, 많은 이들에게 해당되는 **모호한 진술**을 하는 것이다. 그는 사람들에 대한 사전 지식이 없지만, 광범위한 진술을 함으로써 그들로부터 특정한 대답을 얻게 된다.

예시와 부연설명 2 말하기

Then, ④ _____

_____. People being read are under the

impression that he already knows the information. So when

he guesses correctly, the subjects think he knows all, but

really ⑤ _____

_____.

그런 다음, **심령술사**는 추측을 함으로써 더 정확한 정보를 얻어낸다. 읽혀지는 사람들은 그가 이미 그 정보를 알고 있다는 인상을 받는다. 그래서 그가 정확히 추측을 하면, 대상은 그가 모든 걸 안다고 생각한다. 하지만 사실 **심령술사**는 그들에 대한 정보를 모으기 위해 단지 냉독술을 사용하고 있는 것 뿐이다.

🎧 *Track 11* 정답 p.381

Reading Time: 45 seconds

Classical Conditioning

Classical conditioning, also known as respondent conditioning, is a type of learning process often seen in animals, as well as in humans. The theory dictates that if two events frequently occur together, the subject will begin to see them as a pairing and associate one with the other. Therefore, as soon as they sense the independent event, known as the stimulus, they will expect the other half of the pair. The stimulus will elicit the appropriate response, which is known as the reflex.

Now get ready to answer the question.

The professor describes two observations on the behavior of dogs and humans. Explain how these behaviors are interpreted according to the theory of classical conditioning.

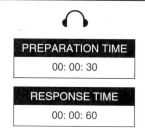

PREPARATION TIME
00: 00: 30

RESPONSE TIME
00: 00: 60

Notes

- 읽기 노트

  Classical cond.

  – _____

    1. indep.: stimulus

       → expect other half

    2. _____

- 고전적 조건화

  – 두 사건이 동시에 일어남

    1. 독립적: 자극

       → 나머지 반을 기대

    2. 반응: 반사

- 듣기 노트

  1. Pavlov's dogs

     : _____

     – af. bell, b4 food came

  2. Human

     : _____

     – puff of air

     – tick b4 air → blink X

       puff

  1. 파블로프의 개

     : 저녁 식사와 종소리 - 침 흘림

     – 종소리 후, 음식이 오기 전

  2. 인간

     : 안과에서 눈 깜박임

     – 공기 주입

     – 공기 전에 똑딱 소리 → 공기

       주입 없이 깜박임

Response

Chapter 1 Chapter 2 Chapter 3 **Chapter 4** Chapter 5 Chapter 6

토픽 문장 말하기

In both of these examples, the behaviors show that ① ____

_____

_____.

이 두 가지의 예에서, 행동들은 개와 인간이 두 가지 사건이 동시에 일어나길 기대하도록 조건화되어 왔다는 것을 보여준다.

예시와 부연설명 1 말하기

The professor first says that when Pavlov's dogs heard the dinner bell, the stimulus, they responded with salivation, the reflex. ② _____

_____.

교수는 먼저 파블로프의 개들이 자극인 저녁 식사 종소리를 들었을 때, 침을 흘리는 반사를 보였다고 말한다. 개들은 음식이 나오기 바로 전에 언제나 벨이 울린다는 것을 배웠던 것이다.

예시와 부연설명 2 말하기

③ _____

_____, such as, eyeblink conditioning. ④ _____

_____ when at the

optometrist. Since the puff of air always accompanies the

tick, ⑤ _____

_____.

인간 또한 눈 깜빡임 조건화 현상 같은 조건적 반사로 독립적 자극에 반응한다. 이 현상은 안과에 있을 때 사람들이 자극인 똑딱 소리를 공기 주입과 짝을 지을 때를 말한다. 공기 주입이 항상 똑딱 소리를 동반하므로, 우리는 공기의 주입 전에 눈을 깜박임으로써 똑딱 소리에 반응한다.

🎧 *Track 13* 정답 p.383

3. 🎧 *Track 14*

Reading Time: 45 seconds

Path Dependence

The theory of path dependence explains that once society has chosen a path, it becomes difficult to change. In this manner, seemingly unimportant choices can drastically affect outcomes in the market. Economists state that after a product is accepted as the standard, switching to a different product becomes difficult due to the time and costs involved. As a result, an inefficient standard may endure while newer and better models are not adopted.

Now get ready to answer the question.

The professor describes modern use of the QWERTY keyboard. Explain how it demonstrates the concept of path dependence.

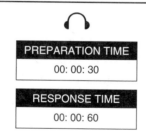

PREPARATION TIME
00: 00: 30

RESPONSE TIME
00: 00: 60

Notes

읽기 노트

- chosen path – diff. to
  change

_____

_____

- ineff. endure

경로 의존

- 한 경로 선택 – 바꾸기가 어려움
- 중요치 않은 것이 결과에 영향
  을 줌
- 표준이 바뀌지 않음
- 비효율적인 표준 지속

듣기 노트

QWERTY – type quick,
keys jam

_____

- PC – X issue

_____

- Why? – used to
  /replace/retrain

쿼티 – 빨리 치면 키들이 엉킴

- 철자를 멀리
- PC – 문제 X
- 사용하기 힘들고 오래 걸림
- 왜 이용? – 익숙함/교체/
  재교육

Response 🎤

토픽 문장 말하기

The professor ① _____

_____ .

교수는 경로 의존을 설명하기 위해 쿼티 자판에 대해 이야기 한다.

예시와 부연설명 말하기

② _____

_____ because if a person typed
too quickly, the keys would jam. Even though PCs have
gotten rid of this issue, ③ _____

_____ .

초기 자판은 활자가 서로 멀리 배치되어 있었는데, 왜냐하면 사람이 타자를 너무
빨리 치면, 타자기의 키들이 엉키곤 했기 때문이다. 비록 PC가 이러한 문제를 없
앴으나, 사람들은 다른 표준으로 바꾸고 싶어하지 않는다.

④ _____

_____ . People are used to the
QWERTY and ⑤ _____

_____ .
So, today, even though it's harder to use and takes longer,

⑥ _____

_____ .

그것은 한 경로가 선택된 이후에는 바꾸기가 힘들기 때문이다. 사람들은 쿼티 자
판에 익숙해 진데다 모든 장비를 교체하고 모든 사람들을 재교육시키기는 어려울
것이다. 그래서 오늘날, 비록 사용하기가 더 힘들고 시간이 더 오래 걸리는데도
불구하고, 비효율적인 쿼티 자판이 더 나은 디자인들 대신 계속 지속된다.

🎧 *Track 15* 정답 p.385

Chapter 1
Chapter 2
Chapter 3
Chapter 4
Chapter 5
Chapter 6

4. 🎧 *Track 16*

Reading Time: 45 seconds

Direct Action

As long as society has existed, people have been working to improve it, approaching this task with a variety of methods. Direct action is an umbrella term used to refer to a host of techniques used to address objectionable practices or improve conditions in certain spheres of life. What distinguishes direct action from other means of protest is that it aims for immediate results. Another feature is that direct action utilizes readily available resources to resolve issues, as opposed to appealing to a higher authority.

Now get ready to answer the question.

The professor describes two ways of affecting change in society. Explain whether they meet the characteristics of direct action.

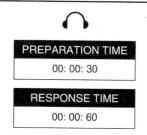

PREPARATION TIME
00: 00: 30

RESPONSE TIME
00: 00: 60

Notes

읽기 노트

Direct action

- _____

- _____

- avail. res., X auth.

직접행동

- 기술 – 상황 개선

- 즉각적인 결과

- 이용 가능한 수단, 당국에
  의존 X

듣기 노트

1. _____

 - force mgmt to listen

 - _____

2. _____

 - reps, X selves

 - _____

 - vote → _____

 → change

1. 파업

 - 경영진이 듣도록 강요

 - 일자리로 복귀/빨리 해결

2. 관료 선출

 - 스스로 X, 대표자

 - 장시간

 - 선출 → 취임 → 정책 → 변화

Response

토픽 문장 말하기

① _____

_____ .

교수는 사람들이 상황을 개선하기 위해 어떻게 하는지에 관한 두 가지 예를 제시한다.

예시와 부연설명 1 말하기

② _____

_____ .

Since companies need the workers to return, ③ _____

_____ . This is a case of direct

action since the results are immediate.

첫 번째 예에서, 직원들은 경영진이 그들의 관심사를 들어줄 것을 강요하기 위해 파업을 한다. 회사는 직원들이 일자리로 돌아가기를 원하기 때문에, 문제를 빨리 해결하려 노력한다. 이것은 결과가 즉각적이므로 직접 행동의 경우이다.

예시와 부연설명 2 말하기

④ _____

_____ . One reason is that people don't limit

themselves to their own resources; for instance, ⑤ _____

_____ . ⑥ _____

_____ . They have

to vote for someone, ⑦ _____

_____ .

반면에, 관료를 선출하는 것은 직접 행동이 아니다. 한 가지 이유는 사람들이 그들이 가지고 있는 수단에만 자신을 국한시키지 않기 때문이다. 예를 들어, 그들은 정부 당국에 호소해 줄 대표자를 이용한다. 그뿐만 아니라, 그것은 효과를 보기까지 오랜 시간이 걸린다. 그들은 누군가를 선출해야 하고, 선출된 사람들이 일에 착수하고 정책에 영향을 끼칠 때까지 기다리고, 변화가 일어날 때까지 기다려야 한다.

🎧 **Track 17** 정답 p.386

Hackers **Test**

다음 질문에 답하기 위한 노트와 답안 말하기를 완성하세요.

1. 🎧 *Track 18*

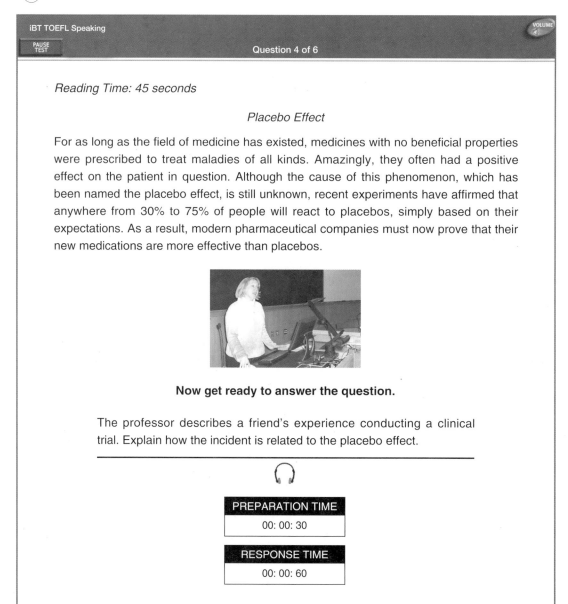

Reading Time: 45 seconds

Placebo Effect

For as long as the field of medicine has existed, medicines with no beneficial properties were prescribed to treat maladies of all kinds. Amazingly, they often had a positive effect on the patient in question. Although the cause of this phenomenon, which has been named the placebo effect, is still unknown, recent experiments have affirmed that anywhere from 30% to 75% of people will react to placebos, simply based on their expectations. As a result, modern pharmaceutical companies must now prove that their new medications are more effective than placebos.

Now get ready to answer the question.

The professor describes a friend's experience conducting a clinical trial. Explain how the incident is related to the placebo effect.

🎧

PREPARATION TIME
00: 00: 30

RESPONSE TIME
00: 00: 60

Notes

읽기 노트

듣기 노트

Response

🎙️ **Track 19** 정답 p.388

2. 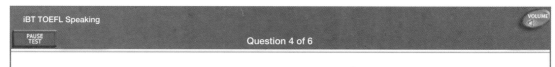 *Track 20*

Reading Time: 45 seconds

Cultural Incongruity

In an increasingly interconnected world, people from dissimilar cultures are interacting more frequently. When their divergent value systems come in conflict, this is referred to as cultural incongruity. The term "cultural incongruity" refers to a situation where particular individuals' personal values do not conform to those of their environment. It should be noted that people base their interpretations of events around them on the beliefs with which they were raised. Since many of these codes are taught implicitly, many people do not realize that other cultures might have assigned different definitions to certain gestures or behaviors.

Now get ready to answer the question.

The professor describes two cross-cultural situations. Explain how they demonstrate the concept of a cultural incongruity.

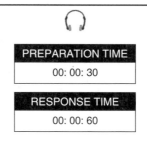

PREPARATION TIME
00: 00: 30

RESPONSE TIME
00: 00: 60

Notes

읽기 노트

듣기 노트

Response

Track 21 정답 p.390

3. 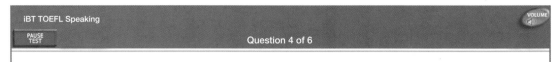 Track 22

Reading Time: 45 seconds

Language-Acquisition Theories

Contemporary language learning theories constitute one of the most controversial issues − "Nature versus Nurture" − in linguistics today. Those who support the "nature" theory believe that humans are endowed with natural language-learning abilities. They believe that there is a dedicated language-acquisition device in our brains, one that contains all the parameters of language structure at birth. However, the "nurture" argument maintains that language is learned through one's environment, social conditioning, and family upbringing. Proponents of this theory assert that humans are able to learn languages because we have the time and opportunity through daily interaction to do so.

Now get ready to answer the question.

The professor describes the differences in how children and adults learn language. Explain how these are related to the theories of nature and nurture.

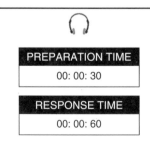

PREPARATION TIME
00: 00: 30

RESPONSE TIME
00: 00: 60

Chapter 1
Chapter 2
Chapter 3
Chapter 4
Chapter 5
Chapter 6

Notes ✎

읽기 노트

듣기 노트

Response 🎤

🎧 **Track 23** 정답 p.392

www.goHackers.com

Chapter 5

Q5 듣고 말하기 (1) 대학 생활

Overview

5번 문제는 대화를 듣고 주어진 질문에 답하는 문제이다. Integrated 섹션에서 유일하게 수험자의 의견을 묻는 문제로, 들은 내용과 함께 그에 대한 개인의 의견을 묻는다. 대화에서는 대학생활에서 일어날 수 있는 문제상황을 놓고 두 학생이 나누는 어야기가 전개된다.

테스트 진행 방식

Direction	
	● 5번 문제에 대한 대략적인 설명
듣기	● 듣기 관련 음성 Direction ● 듣는 동안 화면에 사진 제시 ● 듣기 시간: 60~90초
말하기	● 질문이 텍스트와 음성으로 제시 ● 준비 시간: 20초 ● 대답 시간: 60초

질문의 핵심 포인트

질문에서는 대화에서 제시된 '문제점'과 그에 대한 '해결책' 두 가지가 무엇인지를 말하고, 어떤 해결책을 선호하는지 '내 의견'을 함께 설명할 것을 요구한다.

> **문제점 (Problem)** 고민 거리를 가진 화자의 상황 묘사하기
>
> **해결책 (Solutions)** 문제점을 들은 화자가 제시하는 두 가지 제안사항 설명하기
>
> **내 의견 (My Opinion)** 내가 선호하는 해결책을 근거를 들어 말하기

질문의 예

문제점   해결책

Describe the woman's **problem** and **the two suggestions** the man makes about how she could

deal with it. **What do you think the woman should do and why?**

내 의견

여자의 문제점을 설명하고 그 문제를 다루기 위해 남자가 여자에게 제시하는 두 가지 해결책을 설명하세요. 당신이 생각하기에 여자가 어떻게 해야 하는지를 이유와 함께 설명하세요.

Step별 문제풀이 전략

STEP 1 들은 내용 정리하기

● 문제점을 설명하는 화자를 찾아 그 내용을 정리한다.
● 문제점을 듣고 있던 다른 화자가 해결책으로 제시하는 두 가지 제안사항을 찾아 정리한다.

STEP 2 들은 내용 및 내가 선호하는 해결책 말하기

● 질문을 받고 준비시간 20초 동안 정리한 내용을 다시 한번 점검하고 답안 말하기를 위한 준비를 한다.
● 먼저, 대화에서 파악한 문제점과 해결책을 차례로 말한다.
● 두 가지 해결책 중에 내가 선호하는 것을 구체적인 근거를 들어 설명한다.

기본다지기

I. 유형별 표현

5번 질문에서는, 먼저 화자들이 논하는 문제점과 해결책을 설명하고, 내가 선호하는 해결책과 그 이유를 설명할 것을 요구한다. 이 세가지를 효과적으로 표현하기 위해 답안의 기본 틀이 되는 문장들을 익혀보자.

1. 문제점 말하기 ⌾ Track 1

① ~의 문제는 −이다
One's problem is that −

그의 문제는 기말 리포트를 늦게 제출했다는 것이다.
His problem is that he turned in his final paper late.
＊~을 제출하다 turn in

② ~때문에 곤란하다
주어 **be in trouble because** ~

남자는 같은 날에 기말 시험이 세 개나 있기 때문에 곤란하다.
The man **is in trouble because** he has three finals on the same day.

③ ~하길 원하나, −할 수 없다
주어 **want to** ~, but 주어 **be not able to** −

학생은 수업에 출석하길 원하나, 등록금을 내기 전까지는 등록을 할 수 없다.
The student **wants to** attend the class, **but** he **isn't able to** register until after his tuition is paid.

④ ~하는 데 문제가 있다
주어 **have a problem** ~ing

학생은 그렇게 큰 대학에 적응하는 데 문제가 있다.
The student is **having a problem** cop**ing** at such a large university.

Basic Course

Chapter 1
Chapter 2
Chapter 3
Chapter 4
Chapter 5
Chapter 6

⑤ ~하는 데 어려움이 있다
주어 **have a hard time ~ing**

여자는 프로젝트의 마감일을 맞추는 데 어려움이 있다.
The woman **has a hard time** meet**ing** project deadlines.

2. **해결책 말하기** 🎧 *Track 1*

⑥ 주어는 두 가지 제안을 한다. 첫 번째는 ~하는 것이고, 두 번째는 −하는 것이다
주어 **make two suggestions. The first is to ~; the second is to −**

남자는 두 가지 제안을 한다. 첫 번째는 룸메이트와 대화를 하는 것이고, 두 번째는 이사를 가는 것이다.
The man **makes two suggestions. The first is to** talk to her roommate; **the second is to** move out.

⑦ 제안된 두 가지는 ~하거나, −하는 것이다
The two suggestions made are ~ or −

제안된 두 가지는 콘서트에 가지 않거나, 표를 살 돈을 벌기 위해 추가 근무를 하는 것이다.
The two suggestions made are to miss the concert **or** work overtime to earn money for the ticket.

⑧ ~하라고 제안하다 [권하다]
주어 **suggest [recommend] that ~**

남자는 여자가 대학에서 다른 활동들보다 학업에 우선권을 두라고 제안한다.
The man **suggests that** she give priority to schoolwork over other activities at college.
＊~에 우선권을 주다 give priority to

⑨ 또 다른 제안은 [권고는] ~하라는 것이다
Another suggestion [recommendation] is ~ing [that ~]

또 다른 제안은 청구서를 지불하기 위해 아르바이트를 구하라는 것이다.
Another suggestion is look**ing** for a part-time job to pay the bills.

⑩ **주어는 그(녀)가 ~나 -를 고려해야 한다고 말한다**
주어 **say (s)he should consider ~ or −**

남자는 그녀가 차를 빌리거나 중고차를 구입하는 것을 고려해야 한다고 말한다.
The man **says she should consider** renting a car **or** buying a used one.

⑪ **주어가 제시한 해결책 하나는 ~하는 것이고, 다른 하나는 -하는 것이다**
One solution 주어 **offer is to ~; the other is to −**

여자가 제시한 해결책 하나는 커피를 마시는 것이고, 다른 하나는 스트레칭을 하는 것이다.
One solution the woman **offers is to** drink coffee; **the other is to** do some stretching.

⑫ **주어는 그(녀)에게 ~하거나 -하라고 조언한다**
주어 **advise him[her] either to ~ or −**

남자는 그녀에게 비디오가 반납되기를 기다리거나 시내에서 빌리라고 조언한다.
The man **advises her either to** wait for the video to be returned **or** rent it in town.
＊시내에서 in town

3. 내 의견 말하기 🎧 *Track 1*

⑬ **나는 주어가 ~해야 한다고 생각한다**
I think 주어 should ~

나는 학생이 프랑스어 시험에 대비해 공부하는데 플래시카드를 이용해야 한다고 생각한다.
I **think** the student **should** use flashcards to study for the French exam.

⑭ **내 생각[관점]으로는**
In my opinion [view]

내 생각으로는, 남자는 전공을 바꾸기 전에 지도 교수와 상의를 해야 한다.
In my opinion, the man should talk to an advisor before changing his major.
＊지도 교수 advisor

⑮ **내가 그(녀)라면, ~하겠다**
If I were him[her], I would ~

내가 그녀라면, 프레젠테이션 일정을 다시 짜도록 교수님께 부탁 드리겠다.
If I were her, I would appeal to my professor to reschedule the presentation.
＊부탁하다, 호소하다 appeal

⑯ 내가 그(녀)의 입장이라면, ~하겠다
If I were in his[her] position, I would ~

내가 그의 입장이라면, 무급 인턴쉽을 받아들이겠다.
If I were in his position, I would accept the unpaid internship.
＊무급의 unpaid

⑰ 내 생각은 ~이다
My opinion is that ~

내 생각은 학생이 방을 다시 정리해서 더 많은 공간을 마련해야 한다는 것이다.
My opinion is that the student should make more space by reorganizing her room.
＊다시 정리하다, 재편성하다 reorganize

⑱ 내 관점으로는
From my perspective

내 관점으로는, 실제로 배우는 것이 학점보다 더 중요하다.
From my perspective, actual learning is more important than grades.

⑲ 나는 ~에 찬성한다
I am in favor of

나는 모든 사람들이 참석할 수 있을 때까지 스터디 그룹 모임을 연기하는 것에 찬성한다.
I am in favor of postponing the study group meeting until everyone is able to attend.
＊연기하다, 미루다 postpone

⑳ 그(녀)를 위한 최선의 선택은 ~하는 것이라고 생각한다
I think the best option for him[her] is to ~

그를 위한 최선의 선택은 대학의 건강 클리닉에서 자원봉사를 하는 것이라고 생각한다.
I think the best option for him is to volunteer at the university's health clinic.
＊자원봉사를 하다 volunteer

㉑ 내 생각에 주어가 해야 할 일은 ~이다
What I think 주어 should do is ~

내 생각에 그녀가 해야 할 일은 편하게 대화를 나눌 수 있는 상담자를 찾는 것이다.
What I think she **should do is** find a counselor who's easy to talk to.
＊상담자 counselor

Check-up

다음 문장을 영어로 말해보세요.

1 나는 그녀가 조교에 대해 교수와 이야기해야 한다고 생각한다.
*조교 teaching assistant (TA)

2 교수가 제시한 해결책 하나는 시험을 일찍 치르는 것이고, 다른 하나는 추가 보고서를 쓰는 것이다.
*추가 보고서 extra paper

3 그의 친구는 숙제가 좀더 적은 과목을 수강하라고 권한다.
*과목을 수강하다 take a course

4 여자의 문제는 늦게까지 공부를 해야 할 필요가 있는데, 도서관이 열려있지 않을 거란 것이다.
*늦게까지 late

5 제안된 두 가지는 수업을 청강하거나, 완전히 철회하는 것이다.
*청강하다 audit   *완전히 entirely   *(수업을) 철회하다 drop

6 내가 그라면, 헌 교재를 팔기 위해 학생 웹사이트를 이용하겠다.
*교재 textbook

7 또 다른 권고는 그녀가 보고서를 더 잘 쓰는데 추가 시간을 할애하라는 것이다.
*추가의 extra   *~하는데 시간을 할애하다 spend time ~ing

8 내 관점으로는, 여자는 교수에게 직접적으로 자신의 의견을 표명해야 한다.
*직접적으로 directly   *표명하다 voice

9 그녀는 학기말 보고서가 담긴 디스크를 잃어버렸기 때문에 곤란하다.
*학기말 보고서 term paper

10 | 남자는 그녀가 직업을 구하거나, 보조금을 신청하는 것을 고려해야 한다고 말한다.
＊보조금 grant　＊~을 신청하다 apply for

11 | 내 생각은 그녀가 매일 버스를 탐으로써 얼마간의 돈을 절약하게 되리라는 것이다.
＊버스를 타다 take the bus　＊얼마간의 some

12 | 학생은 모든 학기 프로젝트를 제시간에 끝내는 데 어려움이 있다.
＊학기 프로젝트 term project　＊제시간에 on time

13 | 그녀는 그에게 체육관에 가거나 캠퍼스 주변을 조깅하라고 조언한다.
＊체육관 gym　＊~ 주변을 조깅하다 jog around

14 | 나는 병원에 가기 위해 취업 박람회에 빠지는 것에 찬성한다.
＊취업 박람회 job fair　＊빼먹다, 건너 뛰다 skip　＊병원에 가다 go see a doctor

15 | 그녀를 위한 최선의 선택은 그녀의 부모님에게 예기치 못한 비용에 대해 이야기하는 것이라고 생각한다.
＊예기치 못한 unexpected　＊비용, 지출 expense

16 | 내 생각에 남자가 해야 할 일은 겨울 방학 동안 캠퍼스에 머무르는 것이다.
＊머무르다 stay

17 | 내가 그녀의 입장이라면, 여행을 가기 위해 수업을 빼먹지는 않겠다.
＊여행을 가다 take a trip

18 | 그녀의 친구는 두 가지 제안을 한다. 첫 번째는 약속을 변경하는 것이고, 두 번째는 취소하는 것이다.
＊약속, 예약 appointment　＊(일정을) 변경하다 reschedule　＊취소하다 cancel

🎧 *Track 2* 정답 p.396

II. 듣고 질문에 답하기

5번 문제의 대화는 한가지 문제점에 대해 해결책을 제시하는 내용으로 구성되어 있다. 질문에서 이 두 가지를 요약하여 말할 것을 요구하므로, 여기서는 짧은 대화를 듣고 문제점과 해결책을 파악하여, 이해한 내용을 조리 있게 표현하는 능력을 훈련해보자.

 Track 3

Example

W: I was planning to fly home for winter break... but the travel agent told me there are no seats left in my price range.

M: Hmmm... well, the train is slower, but there are still plenty of seats, I think.

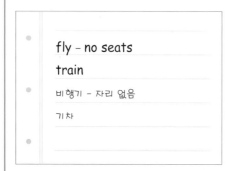

Q1 What is the woman's problem?

> She wants to fly home during her vacation, but can't because tickets are sold out.

Q2 What does the man advise the woman to do?

> He advises her to take the train, which still has tickets available.

● 대화 내용 정리
   여자가 비행기 표를 구하지 못하는 어려움을 설명하자, 남자가 기차를 이용할 것을 권하고 있다. 이 두 가지의 중심내용을 찾아 노트에 정리한다.

● 질문에 답하기
   여자가 갖고 있는 문제점을 묻는 질문에 답하고, 이어지는 문제에서 남자가 제시하는 해결책이 무엇인지를 설명한다.

해석
여: 겨울 방학에 비행기를 타고 집에 가려고 했는데, 여행사 직원이 내가 생각하고 있는 가격대에는 남는 자리가 없대.
남: 음... 기차가 좀 느리긴 하겠지만, 아직도 자리가 많이 남아 있을 거야.

Q1: 여자의 문제는 무엇인가?
A1: 그녀는 방학 동안에 비행기로 집에 가길 원하지만 표가 매진되어서 그렇게 할 수가 없다.

Q2: 남자가 여자에게 무엇을 하라고 조언하는가?
A2: 그는 여자에게 표가 아직도 남아있는 기차를 타라고 조언한다.

어휘
fly[flái] 비행기로 가다   travel agent 여행사 직원

Check-up

다음 녹음 내용을 듣고 질문에 답하세요.

1

Q1 What is the man's problem?

Q2 What is the woman's suggestion for dealing with the man's problem?

2

Q1 What is the woman's problem?

Q2 What does the man recommend that the woman do?

3

Q1 What is the man's problem?

Q2 What does his friend suggest?

🎧 **Track 3** 정답 p.396

Chapter 1
Chapter 2
Chapter 3
Chapter 4
Chapter 5
Chapter 6

4 🎧

Q1 What is the woman's problem?

🎤

Q2 What does the man advise the woman to do?

🎤

5 🎧

Q1 What is the man's problem?

🎤

Q2 What solution does the woman offer?

🎤

6 🎧

Q1 What is the man's problem?

🎤

Q2 What does the woman recommend that he do?

🎤

🎧 *Track 3* 정답 p.398

Chapter 1
Chapter 2
Chapter 3
Chapter 4
Chapter 5
Chapter 6

7

Q1 What is the man's problem?

Q2 What does the woman advise him to do?

8

Q1 What is the man's problem?

Q2 What does the friend suggest that he do?

9

Q1 What is the woman's problem?

Q2 What does the man recommend doing to solve her problem?

🎧 *Track 3* 정답 p.399

실전익히기

I. 들은 내용 정리하기

5번 문제의 듣기에는 대학생활과 관련된 여러 가지 상황이 토픽으로 나온다. 예를 들어, 수업이나 교우관계, 또는 금전과 관련하여 학생들이 겪을 수 있는 문제상황들이 제시된다. 대화를 듣고, 한 학생이 말하는 문제점과 이에 대한 해결책을 파악하여 노트에 정리해 두도록 한다.

❶ 듣기 지문의 구성

대화는 문제점을 가진 화자와 해결책을 제시하는 화자 두 명으로 이루어진다. 먼저 한 명이 자신이 처한 어려움을 이야기하면, 이를 듣던 다른 화자가 해결책을 제안한다.

● **문제점**

문제를 가진 화자가 자신의 고민거리를 설명하는 부분으로, 대화의 초반에 진술된다.

ex) I'll have to turn down the internship because the pay is too low.
임금이 너무 낮아서 인턴쉽을 거절해야 할 것 같아.

I haven't done anything exciting at the lab. I get stuck running errands...
연구실에서 흥미로운 일을 전혀 해보질 못했어. 심부름만 하고 있지...

● **해결책**

문제점을 해결하기 위한 제안책으로 두 가지가 제시된다. 이때, 해결책을 보충 설명하는 세부내용이 함께 언급되기도 한다. 둘 중 하나를 내 의견으로 정해야 하므로, 잘 듣고 각각의 장단점을 고려해본다.

ex) You could get a part-time job in addition to the internship.
인턴쉽에 추가로 아르바이트를 구해봐.

Why don't you try getting a position with another team?
다른 팀에서 직책을 구해보는 건 어때?

● **반응**

문제점을 가진 화자가 각 해결책에 대해 자신의 생각을 내비치는 부분으로 보통 부정적인 반응을 보인다. 이 내용을 정리해두면 내 의견에 대한 이유를 제시할 때 유용한 정보로 사용할 수도 있다.

ex) I don't know... that might be kind of overwhelming...
글쎄... 그건 좀 벅찰 것 같아서...

The semester's already started, so there aren't too many other spaces available.
학기가 이미 시작되어서 다른 자리가 많이 없어.

Advanced Course

Chapter 1
Chapter 2
Chapter 3
Chapter 4
Chapter 5
Chapter 6

듣기 지문의 예

M : Hey, Elli. I just heard the big news, congrats!

W : What, Mark? Oh, the **internship**... yeah, thanks.

M : *[surprised]* I heard it was really competitive, but you don't seem too excited about getting it.

W : Well, I mean, I am really happy that they chose me, but I think I'll have to **turn it down**.

M : Why? Isn't it exactly what you were looking for?

W : Well, the position is... but the **pay is too low**. It wouldn't cover my tuition and fees.

M : But if you turn it down now, you might not get it again. **Why don't you talk to them** and explain that while you really want to do it, the salary is too low. Who knows? Maybe they could **give you more**.

W : *[reluctantly]* Everyone starts off at **the same rate**... I don't know if they'd be willing to pay me more.

M : Or... well, you could **get a part-time job**, in addition to the internship, to make ends meet. I'm sure **a few hours** now and then, plus what the internship's paying you, would be enough.

W : I don't know... that might be kind of **overwhelming**...

문제점 처해있는 어려운 상황
인턴쉽 임금이 너무 낮아

해결책 1 문제 해결의 첫 번째 제안
회사측과 이야기해봐

반응 1 해결책에 대한 대답
누구나 같은 임금을 받고 시작해

해결책 2 문제 해결의 두 번째 제안
아르바이트를 구해봐

반응 2 해결책에 대한 대답
좀 벅찰 것 같아

❷ 듣기 노트 정리하기

들은 내용을 정리할 때는 두 화자가 말하는 내용의 키워드를 뽑아, 문제점과 해결책으로 나누어
노트에 적는다.

● **문제점 정리**
대화의 초반부에 나오는 화자의 문제점을 찾아 노트의 윗부분에 필기한다. 추가할 내용이 있으면 대쉬(-)로 연
결하여 적는다.

● **해결책 정리**
문제점 아래의 칸을 나누어 두 가지 해결책을 양쪽에 적는다. 연결되는 세부내용은 대쉬(-)를 이용하여 함께
정리한다.

● **반응 정리**
각각의 해결책 아래 듣는 이의 반응을 적는다. 해결책의 세부내용과 구별하기 위해 화살표(➜) 등의 기호를 사
용한다.

듣기 노트정리의 예

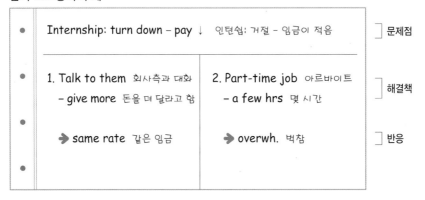

Tips
해결책에 대한 반응은 선택적인 정보로, 뚜렷한 특색이나 내용이 없으면 노트필기를 하지 않아도 된다.

대화에서 두 명의 화자가 각각 문제점과 해결책을 말할 때 사용하는 표현들이 있다. 이야기의 흐름을 파악하는데 단서가 되는 이 표현들을 익히고 대화를 들으면 주요 포인트를 쉽게 잡아낼 수 있다.

화자가 문제점을 제시할 때 쓰는 표현

1. **I'm really worried about** the group project.
   그룹 프로젝트가 너무 걱정돼.

2. **I'm afraid that** we won't spend enough time on the material.
   우리가 그 자료에 충분한 시간을 할애하지 못할**까 봐 걱정이야**.

3. **My problem is that** I freeze up when I speak in front of large audiences.
   내 문제는 많은 청중들 앞에서 말할 때면 몸이 얼어 붙는 거야.

4. **I don't think that** I will get all my reading done on time.
   제시간에 이것들을 다 읽지 **못할 것 같아**.

5. **It's hard for me to** concentrate in my dorm.
   난 기숙사에선 집중하기가 힘들어.

6. **I'm concerned that** the study group is behind schedule.
   스터디 그룹 일정이 늦어져서 **걱정이야**.

화자가 해결책을 제시할 때 쓰는 표현

7. **Why don't you** ask the professor for an extension on your deadline?
   교수님한테 마감일을 연장해달라고 **하는 게 어때**?

8. **How about** going to the seminar and talking to people in that field?
   세미나에 가서 그 분야 사람들과 이야기**를 해보는 게 어때**?

9. **You should try** working out at the gym.
   체육관에 가서 운동을 해보는 게 좋겠어.

10. **You could think about** selling your used textbooks at the bookstore.
    헌 교재들을 서점에 파는 것**에 대해 생각해 봐**.

11. **Why not** miss this concert and go to the next one?
    이번 콘서트는 포기하고 다음 걸 가는 **게 어때**?

12. **Another option is to** take the course in summer school.
    그 강의를 여름 학기에 듣는 것도 **또 다른 방법**이지.

13. **Another thing you might do is** apply for a job at the library.
    네가 할 수 있는 또 다른 건 도서관에 일자리를 지원**하는 거야**.

Hackers **Practice**

다음 질문에 답하기 위한 노트를 완성하세요.

1. 🎧 *Track 4*

   Notes ✏️

문제점	
Presentation	
– _____	
해결책 1	해결책 2
_____	_____
➦ much to read	➦ long waiting list

2. 🎧 *Track 5*

   Notes ✏️

문제점	
_____	
– after grad., X job → change?	
해결책 1	해결책 2
– tell where look	– _____
	– interest
➦ grad, X afford	

정답 p.401

Chapter 1

Chapter 2

Chapter 3

Chapter 4

Chapter 5

Chapter 6

3. Track 6

Notes

문제점 All night – paper – _____	
해결책 1 Comp. lab – _____ ➡ _____	해결책 2 _____ – X exp., guar.

4. Track 7

Notes

정답 p.403

듣기가 끝나고 질문을 받으면, 먼저 노트를 토대로 화자들이 나눈 문제점과 해결책을 요약해서 말하고, 그 해결책 중 내가 선호하는 것과 이유를 말하면 된다.

답안 말하기의 순서

> 문제점 말하기
> 해결책 말하기
>
> 내 의견 말하기

1. 문제점과 해결책 말하기

누가 어떤 어려운 상황에 처해 있는지 문제 상황을 설명하며 답안을 시작한다. 이어 두 가지 해결책을 하나씩 풀어 말하면 된다.

- **문제점**: 문제 상황 설명
- **해결책**: 문제 해결을 위한 두 가지 제안 설명

문제점과 해결책 말하기의 예

Response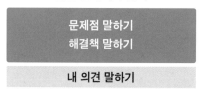

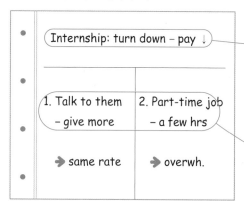

문제점 말하기

The woman's **problem is that** [she may have to turn down an internship because the pay is too low.]

해결책 말하기

The man **makes two suggestions. The first is to** [talk to the company about giving her more money]; **the second is to** [work a few extra hours at a part-time job.]

문제점과 해결책 말하기 주요 표현 리스트

> 1. One's problem is that - : ~의 문제는 -이다
> 2. 주어 be in trouble because ~ : ~때문에 곤란하다
> 3. 주어 make two suggestions. The first is to ~; the second is to -
>   : 주어는 두 가지 제안을 한다. 첫 번째는 ~하는 것이고, 두 번째는 -하는 것이다
> 4. 주어 advise him[her] either to ~ or - : 주어는 그(녀)에게 ~나 -하라고 조언한다

2. 내 의견 말하기

문제 해결을 위해 제안된 두 가지 해결책 중 하나를 나의 의견으로 선택하여 말한다. 내 의견을 뒷받침하는 이유로는 노트의 내용을 참고하여 말할 수도 있고, 개인적인 경험이나 생각을 이용해 말할 수도 있다.

● **내 의견:** 두 해결책 중 택일하여 그 이유를 설명

내 의견 말하기의 예   Response 🎙

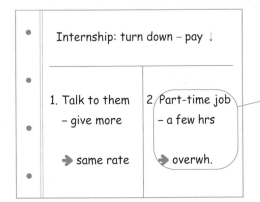

내 의견 말하기

If I were her, I'd [get a part-time job because getting more money from the company might be hard. Working a couple hours when she has spare time would give her enough money to pay for all the things she needs.]

내 의견 말하기 주요 표현 리스트

1. If I were him[her], I would ~ : 내가 그(녀)라면, ~하겠다
2. I think 주어 should ~ : 나는 주어가 ~해야 한다고 생각한다
3. My opinion is that ~ : 내 생각은 ~이다
4. I think the best option for her[him] is to ~ : 그(녀)에게 최선의 선택은 ~라고 생각한다

Tips

1. 들은 내용에 대한 개인의 생각을 묻는 부분이니만큼 정해진 정답은 없다. 설령 본인의 실제 생각과 다를지라도, 아이디어가 많이 떠올라 충분한 근거를 제시할 수 있는 해결책을 내 의견으로 정한다.

2. 내 의견에 대한 이유를 말할 때, 들은 내용을 이용하여 이야기를 풀어나갈 수 있다. 또한, 선택하지 않은 해결책의 단점을 반박하거나, 자신의 이야기를 예로 들어 이유를 제시할 수도 있겠다.

3. 문제점과 해결책에 이어 내 의견까지 말해야 하므로, 답안이 어느 하나에 집중되거나 소홀해지지 않도록 효과적인 시간조절이 필요하다.

실제 STEP별 샘플

Question Step 🎧 Track 8

Step 1 대화 듣기

Narrator Now listen to a conversation between two students.

M: Hey, Elli. I just heard the big news, congrats!

W: What, Mark? Oh, the internship... yeah, thanks.

M: [surprised] I heard it was really competitive, but you don't seem too excited about getting it.

W: Well, I mean, I am really happy that they chose me, but I think I'll have to turn it down.

M: Why? Isn't it exactly what you were looking for?

W: Well, the position is... but the pay is too low. It wouldn't cover my tuition and fees.

M: But if you turn it down now, you might not get it again. Why don't you talk to them and explain that while you really want to do it, the salary is too low. Who knows? Maybe they could give you more.

W: [reluctantly] Everyone starts off at the same rate... I don't know if they'd be willing to pay me more.

M: Or... well, you could get a part-time job, in addition to the internship, to make ends meet. I'm sure a few hours now and then, plus what the internship's paying you, would be enough.

W: I don't know... that might be kind of overwhelming...

Step 2 질문 듣기

Narrator Describe the woman's problem and the two suggestions the man makes about how she could deal with it. What do you think the woman should do and why?

해석

이제 두 학생의 대화를 들어보세요.

남: 안녕, Elli. 방금 굉장한 소식을 들었어. 축하해!
여: 무슨 일인데, Mark? 아, 인턴쉽... 그래, 고마워.
남: [놀라며] 인턴쉽 경쟁이 아주 치열했다고 들었는데, 넌 별로 기쁜 것 같지 않네.
여: 사실, 뽑혀서 아주 기쁘긴 한데, 아무래도 거절해야 할 거 같아.
남: 왜? 그 인턴쉽은 바로 네가 찾고 있던 거 아니었니?
여: 직책은 그렇지... 하지만 임금이 너무 낮아. 그 돈으론 등록금과 다른 비용들을 충당할 수 없어.
남: 하지만 네가 지금 그 자리를 거절하면, 다시는 기회가 없을지도 몰라. 그 사람들에게 네가 정말 그 일을 하고 싶지만, 임금이 너무 낮다고 말해보는 게 어때? 누가 알아? 그들이 너에게 돈을 더 줄 수도 있잖아.
여: [마지못해] 누구나 다 같은 임금을 받고 시작해... 나한테만 돈을 더 주려 할지 모르겠어.
남: 그렇다면... 수지를 맞추기 위해 인턴쉽 일에다 추가로 아르바이트를 구해봐. 가끔씩 몇 시간 정도 일하고, 거기에 인턴쉽에서 받는 돈을 합하면 충분할 거야.
여: 글쎄... 그건 좀 벅찰 것 같아서...

여자의 문제점을 설명하고 그 문제를 다루기 위해 남자가 여자에게 제시하는 두 가지 해결책을 설명하세요. 당신이 생각하기에 여자가 어떻게 해야 하는지를 이유와 함께 설명하세요.

congrats [kəngrǽts] (=congratulations) 축하해   turn down 거절하다   start off 시작하다
make ends meet 수입과 지출의 균형을 맞추다   overwhelming [ðuvərwélmiŋ] 극도의, 벅찬

Answer Step

Step 1 노트 정리하기

> Internship: turn down – pay ↓
>
> | 1. Talk to them | 2. Part-time job |
> | --- | --- |
> | – give more | – a few hrs |
> | ➡ same rate | ➡ overwh. |

Step 2 답안 말하기　　*Track 8*

The woman's problem is that she may have to turn down an internship because the pay is too low.

The man makes two suggestions. The first is to talk to the company about giving her more money; the second is to work a few extra hours at a part-time job.

If I were her, I'd get a part-time job because getting more money from the company might be hard. Working a couple hours when she has spare time would give her enough money to pay for all the things she needs.

해석

여자의 문제는 임금이 너무 낮기 때문에 인턴쉽을 거절해야 할지도 모른다는 것이다.

남자는 두 가지 제안을 한다. 첫 번째는 돈을 더 줄 수 있는지에 관해 회사측과 이야기를 하는 것이고, 두 번째는 아르바이트를 몇 시간 추가로 하는 것이다.

내가 그녀라면, 난 아르바이트를 구하겠다. 왜냐하면 회사로부터 돈을 더 받는 것은 힘들 것 같기 때문이다. 시간이 날 때 몇 시간씩 일을 하면 그녀는 필요한 모든 것을 지불할 만큼 충분한 돈을 벌 수 있을 것이다.

Hackers **Practice**

다음 질문에 답하기 위한 노트와 답안 말하기를 완성하세요.

1. 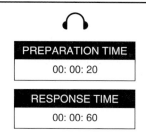 *Track 9*

Now get ready to answer the question.

Describe the man's problem and the two suggestions the woman makes about how he could deal with it. What do you think the man should do and why?

🎧

PREPARATION TIME
00: 00: 20

RESPONSE TIME
00: 00: 60

Chapter 1
Chapter 2
Chapter 3
Chapter 4
Chapter 5
Chapter 6

Notes ✏

듣기 노트

Concert: fav. band

  – _____

  – debt

콘서트: 좋아하는 밴드

  – 표가 비싸고, 돈이 부족

  – 빚

1. _____

  – save $, emerg.

  ➡ last tour

2. Extra shift

  ➡ _____

1. 콘서트에 가지 않음

  – 돈을 절약함, 비상시

  ➡ 마지막 순회공연

2. 추가로 일을 함

  ➡ 일을 너무 많이 함

Response

문제점 말하기

The man wants to see a concert by his favorite band, but

① _____

_____ .

남자는 그가 제일 좋아하는 밴드의 콘서트를 보고 싶지만, 표가 너무 비싸서 가지 못할지도 모른다.

해결책 말하기

His friend first says that ② _____

_____ . When the man expresses

that this could be the band's last live tour, she recommends

that he ③ _____ .

그의 친구는 먼저 콘서트에 가지 말고 비상시에 대비해 돈을 저축해야 한다고 말한다. 남자가 이번이 밴드의 마지막 라이브 순회공연일 수도 있다고 하자, 그녀는 그에게 **직장에서 일을 추가로 더 하라고** 권한다.

내 의견 말하기

④ _____ to cover the

cost of the concert. ⑤ _____

_____ to work a little more so that he could afford to buy

the tickets. After all, he might not get another opportunity.

나는 콘서트에 갈 돈을 마련하기 위해 **추가 시간을 일하는 것에 찬성한다.** 그가 표를 살 수 있도록 일을 좀 더 하는 것은 **희생의 가치가 있을 것이다.** 결국, 그는 또 다른 기회를 갖지 못할 수도 있다.

🎧 **Track 10** 정답 p.406

Now get ready to answer the question.

The students discuss two possible solutions to the woman's problem. Describe the problem. Then state which of the two solutions you prefer and explain why.

PREPARATION TIME
00: 00: 20

RESPONSE TIME
00: 00: 60

Chapter 1
Chapter 2
Chapter 3
Chapter 4
Chapter 5
Chapter 6

듣기 노트

Flu shot, X get sick

– _____

독감 주사, 아프면 안 됨
  – 보험 없이는 의사 진료가 비쌈

1. _____
  – ↓ 24 S – cheap/free
  ➜ rates ↑

2. _____
  – _____
  ➜ $ tight

1. 부모님 보험
  – 24 살 미만의 학생 – 싸거나
  무료
  ➜ 보험료 인상

2. 대학 보험
  – 알맞은 비용
  ➜ 돈이 빠듯함

Response 🎤

문제점 말하기

The woman is going to get a flu shot because she's afraid to get sick. ① _____

_____, it'll cost her a fortune.

여자는 아프게 될까봐 걱정이 돼서 독감 주사를 맞을 것이다. 그녀는 보험이 없어서, 병원에 갈 필요가 있을 경우에, 돈이 많이 들 것이다.

해결책 말하기

Initially, the man says that ② _____

_____, she should get on her parents' plan.

Another suggestion is ③ _____

_____.

먼저, 남자는 그녀가 24살 미만인데다 아직 학생이므로, 부모님의 보험을 이용해야 한다고 말한다. 또 다른 제안은 그녀가 알맞은 비용의 대학 보험에 가입해보는 것이다.

내 의견 말하기

Since she says money's really tight now, ④ _____

_____.

If she's worried about their rates, then she can pay the extra amount. Even so, ⑤ _____

_____.

그녀는 현재 돈이 매우 빠듯하다고 하므로, 내 생각에 그녀가 해야 할 일은 부모님의 보험을 이용하는 것이다. 만약 그녀가 부모님의 보험료를 걱정한다면, 그녀는 추가 비용을 지불할 수 있을 것이다. 그렇게 하더라도, 자신만의 보험에 가입하는 것보다 저렴할 것이다.

🎧 **Track 12** 정답 p.407

Now get ready to answer the question.

Describe the man's problem and the two suggestions the woman makes about how he could deal with it. What do you think the man should do and why?

PREPARATION TIME
00: 00: 20

RESPONSE TIME
00: 00: 60

Notes ✏️

- 듣기 노트

  _____

  – Josie X contrib.

그룹 낙제?
  – Josie 기여 안 함

1. Talk to her
  – _____

  ➜ her resp.

2. _____
  – underst.

1. 그녀와 대화
  – 기분 상하지 않게 설득
  ➜ 그녀의 책임

2. 교수에게 호소해 봄
  – 이해해 주실 것

Response 🎤

문제점 말하기

① _____

_____ because one of the group members,

Josie, isn't helping out. Without her contribution, ② _____

_____ .

남자와 그의 그룹은 멤버중의 하나인 Josie가 돕지 않아서 프로젝트를 완성하는
데 문제를 겪고 있다. 그녀가 기여하지 않으면, 그룹 전체가 프로젝트에서 낙제를
할 수도 있다.

해결책 말하기

③ _____

_____ ,

or to go to the professor about the situation.

여자가 내놓은 두 가지 제안은 Josie와 얘기해서 프로젝트에서 그녀가 맡은 부분
을 끝내도록 설득하거나, 그 상황에 대해 교수님을 찾아가는 것이다.

내 의견 말하기

④ _____

_____ . ⑤ _____

_____ , and I think the

professor should be aware of that. ⑥ _____

_____

_____ .

내 생각에, 남자는 교수님께 개입해주실 것을 청해야 한다. 그룹 미팅에 나타나지
않는 것을 보면 그녀는 책임감이 없다는 것이고, 교수님도 그 사실을 알아야 한다
고 생각한다. 나는 교수님이 이해를 해주시고 그 상황을 해결하기 위한 적절한 조
치를 취해주실 거라고 믿는다.

🎧 *Track 14* 정답 p.409

Now get ready to answer the question.

The students discuss two possible solutions to the woman's problem. Describe the problem. Then state which of the two solutions you prefer and explain why.

PREPARATION TIME
00: 00: 20

RESPONSE TIME
00: 00: 60

Chapter 1
Chapter 2
Chapter 3
Chapter 4
Chapter 5
Chapter 6

Notes ✏️

듣기 노트

_____

정치학 기말 - 낙제

1. _____

   –

   ➡ prof. except?

2. _____

   – past date

   ➡ _____

1, 추가 학점 숙제

   – 성적을 올림

   ➡ 교수, 예외?

2, 과목 철회

   – 날짜 지남

   ➡ 타당한 이유

Response

문제점 말하기

① _____

_____ .

여자는 정치학 과목을 낙제할 거라 생각하기 때문에 곤란하다.

해결책 말하기

The man makes two suggestions. ② _____

_____ . And the

second is ③ _____

_____ .

남자는 두 가지 제안을 한다. 첫째는 그녀의 성적을 올리기 위한 추가 학점 숙제를 교수님께 요청하라는 것이다. 그리고 두 번째는 그녀가 그 과목을 철회할 수 있는지 알아보는 것이지만, 마감일이 지났으므로, 그녀는 타당한 이유가 필요할 것이다.

내 의견 말하기

④ _____ to talk

with her professor about doing some extra work. ⑤ _____

_____ .

내 생각에 그녀를 위한 최선의 선택은 추가 숙제를 하는 것에 대해 교수님과 의논하는 것이다. 그녀가 이미 그 과목을 수강해왔으므로, 학기 말에 그것을 철회하는 것은 아까운 일이다.

🎧 *Track 16* 정답 p.411

Hackers **Test**

다음 질문에 답하기 위한 노트와 답안 말하기를 완성하세요.

1. 🎧 *Track 17*

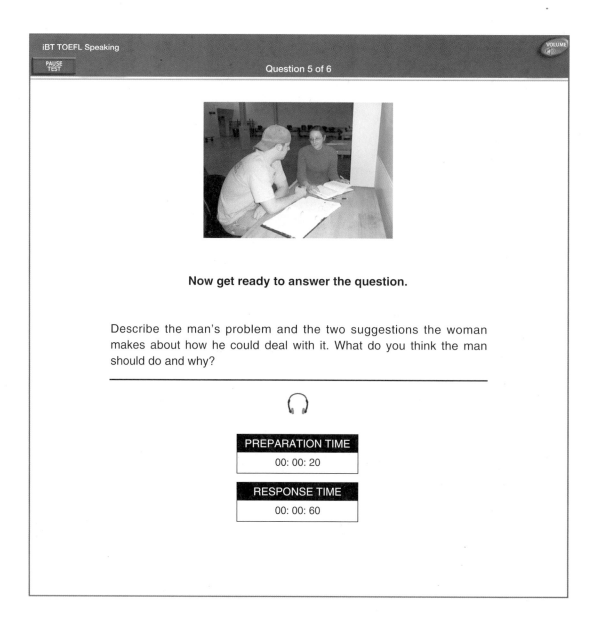

Now get ready to answer the question.

Describe the man's problem and the two suggestions the woman makes about how he could deal with it. What do you think the man should do and why?

PREPARATION TIME
00: 00: 20

RESPONSE TIME
00: 00: 60

Chapter 1
Chapter 2
Chapter 3
Chapter 4
Chapter 5
Chapter 6

Notes

Response

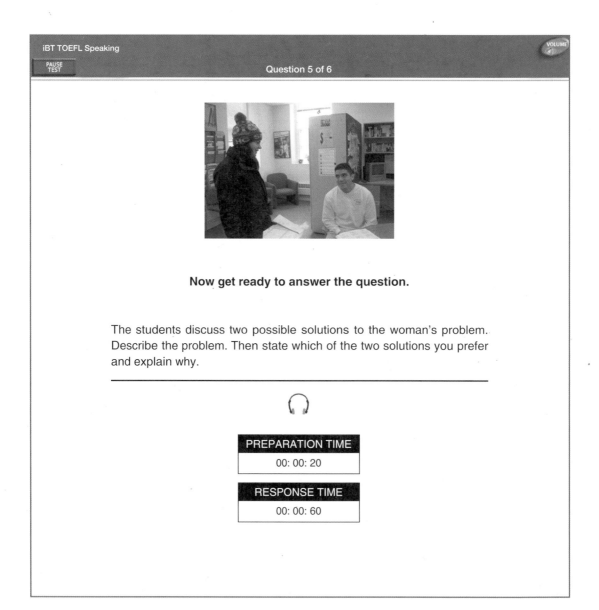

Notes ✏️

Chapter 1
Chapter 2
Chapter 3
Chapter 4
Chapter 5
Chapter 6

Response 🎤

🎧 *Track 20* 정답 p.414

3. 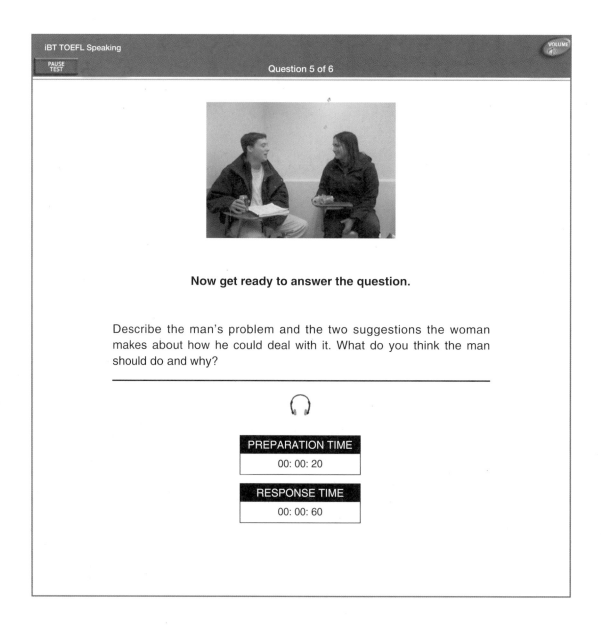 *Track 21*

Now get ready to answer the question.

Describe the man's problem and the two suggestions the woman makes about how he could deal with it. What do you think the man should do and why?

PREPARATION TIME
00: 00: 20

RESPONSE TIME
00: 00: 60

Notes 🖉

Response 🎙️

Track 22 정답 p.416

Chapter 1
Chapter 2
Chapter 3
Chapter 4
Chapter 5
Chapter 6

www.goHackers.com

Chapter 6

Q6 듣고 말하기 (2) 대학 강의

Overview

6번 문제는 5번 문제처럼 들은 내용을 바탕으로 말로 답하는 문제이다. 그러나 캠퍼스 내에서 일어날 수 있는 대화를 다룬 5번과는 달리, 6번 문제는 교수의 강의를 듣고 전반적인 강의 내용을 요약하여 답해야 한다.

테스트 진행 방식

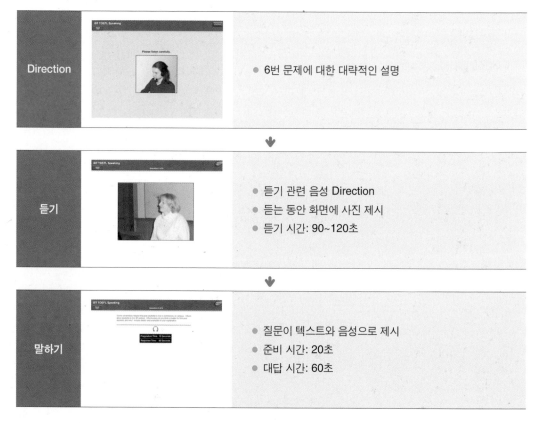

| Direction | ● 6번 문제에 대한 대략적인 설명 |

| 듣기 | ● 듣기 관련 음성 Direction
● 듣는 동안 화면에 사진 제시
● 듣기 시간: 90~120초 |

| 말하기 | ● 질문이 텍스트와 음성으로 제시
● 준비 시간: 20초
● 대답 시간: 60초 |

Chapter 1
Chapter 2
Chapter 3
Chapter 4
Chapter 5
Chapter 6

질문의 핵심 포인트

질문에서는 강의의 토픽과 관련된 주요 내용을 요약하여 설명할 것을 요구한다. 이때 교수가 제시하는 주요 포인트와 함께 예를 포함하여 말해야 한다.

> **요약 (summarizing)** 강의의 주요 내용 간추려 말하기
>
> **주요 포인트와 예 (points and examples)** 토픽을 보충 설명하는 구체적 내용 포함하여 말하기

질문의 예

Using points and examples from the talk, describe two ways that interference theory works.
　　주요 포인트와 예　　　　　　　　　　　　　　　　　　　　　강의 요약

강의에 나온 요점과 예들을 이용하여, 간섭이론이 작용하는 두 가지 방식을 설명하세요.

Step별 문제풀이 전략

STEP 1 들은 내용 정리하기

● 교수가 말하고자 하는 큰 개념인 강의의 토픽과 그에 따른 두 가지 서브토픽을 파악한다.
● 각 서브토픽을 뒷받침하는 구체적 설명을 찾아 노트 정리한다.

STEP 2 들은 내용 요약하여 말하기

● 질문을 받고 준비시간 20초 동안 노트에 정리한 내용을 검토하며 답안 말하기 준비를 한다.
● 토픽 제시 → 서브토픽 1 요약 → 서브토픽 2 요약 순으로 답한다.

기본다지기

I. 유형별 표현

6번의 답안은 강의에서 교수가 제시하는 토픽에 대한 서브토픽과 예로 구성할 수 있다. 교수의 말을 효과적으로 요약하여 말하기 위해 쓸 수 있는 유용한 표현들을 익혀보자.

1. 토픽 문장을 말할 때 쓸 수 있는 표현 🎧 *Track 1*

❶ 교수가 제시한 두 가지 ~는 -이다
The two ~ presented by the professor are –

교수가 제시한 두 가지 에너지 자원은 풍력과 태양 에너지이다.
The two energy sources **presented by the professor are** wind and solar power.

❷ 교수는 ~라고 제시한다
The professor suggests that ~

교수는 일부 회사들이 광고를 부당하게 이용한다고 제시한다.
The professor suggests that some companies use advertising improperly.
＊부당하게 improperly

❸ ~은 -하는 두 가지 방식이다
주어 are two ways (to) –

편지와 전화는 사람들을 설문 조사하는 두 가지 방식이다.
Mail and phone **are two ways to** survey people.
＊설문 조사하다 survey

❹ 교수에 따르면
According to the professor

교수에 따르면, 사람들은 공문서로 보이는 서류에 반응할 확률이 더 높다.
According to the professor, people are more likely to respond to official-looking papers.
＊공식의, 공무상의 official

Basic Course

Chapter 1
Chapter 2
Chapter 3
Chapter 4
Chapter 5
Chapter 6

2. 서브토픽 및 예를 말할 때 쓸 수 있는 표현 Track 1

⑤ 교수가 제시하는 첫 [두] 번째 ~는 -이다
The first [second] ~ the professor gives is –

교수가 제시하는 첫 번째 이유는 사람들이 새로운 상황에서 불편함을 느낀다는 것이다.
The first reason **the professor gives is** that people feel uncomfortable in new situations.

⑥ 첫째로 [둘째로], 강의는 ~을 설명한다
First [Second], the lecture explains ~

첫째로, 강의는 태음력의 기원을 설명한다.
First, the lecture explains the origin of the lunar calendar.

⑦ 다른 경우는 ~이다
The other case is ~

다른 경우는 대중이 항의 집회를 벌여 변화를 요구할 때이다.
The other case is when the public demands change by staging protests.
＊(파업, 운동을) 꾀하다, 계획하다 stage ＊항의, 이의제기 protest

⑧ 교수는 ~의 예를 사용한다
The professor uses the example of

교수는 인공 언어를 설명하기 위해 에스페란토의 예를 사용한다.
The professor uses the example of Esperanto to explain artificial languages.
＊인공의, 인위적인 artificial

⑨ ~은 -의 예로 인용된다
주어 be cited as an example of

시카고는 큰 재난 후에 성장한 도시의 예로 인용된다.
Chicago **is cited as an example** of a city which grew following a major disaster.
＊~후에 following

다음 문장을 영어로 말해보세요.

1 교수는 올빼미가 훌륭한 야간 사냥꾼이라고 제시한다.
  *올빼미 owl *야간의 nighttime

2 패스트푸드는 건강에 해로운 음식물의 예로 인용된다.
  *건강에 해로운 unhealthy *음식물 eating

3 다른 경우는 사람들이 교외지역에서 살기 위해 도시를 떠날 때이다.
  *교외지역 suburb

4 거리와 속력을 측정하는 것은 레이더가 사용되는 두 가지 방식이다.
  *거리 distance *측정하다 measure

5 첫째로, 강의는 어떻게 동물들이 기후 변화에 적응하는지를 설명한다.
  *기후 climate *~에 적응하다 adapt to

6 교수가 제시하는 두 번째 예는 대량 생산의 발달이다.
  *대량 생산 mass production *발달 development

Chapter 1
Chapter 2
Chapter 3
Chapter 4
Chapter 5
Chapter 6

7 교수가 제시한 재활용의 두 가지 이점은 오염 감소와 비용 절감이다.
＊재활용 recycling ＊오염 pollution ＊비용 cost

8 교수에 따르면, 인터넷은 생산성을 크게 증가시키지 않았다.
＊생산성 productivity ＊크게 significantly

9 교수는 군주 정치를 설명하기 위해 영국의 예를 사용한다.
＊군주 정치 monarchy

10 교수가 제시하는 첫 번째 예는 자신의 문제점에 대해 의논하지 않는 사람들에 관한 것이다.
＊의논하다 discuss

11 교수는 대부분의 사람들이 과장을 나쁘게 여기지 않는다고 제시한다.
＊과장 exaggeration ＊A를 ~하게 여기다 consider A to be ~

12 회사의 이윤에 영향을 주는 두 가지 방식이 있다.
＊이윤 profit ＊영향을 주다 affect

🎧 *Track 2* 정답 p.419

6번 문제의 강의는 학술적이거나 실용적인 다양한 주제를 다룬다. 다음 문제들을 통해 특정한 현상이나 사실에 대한 설명을 듣고, 파악한 요점을 정리하여 이를 말로 표현하는 연습을 해보자.

 Track 3

Example

 Smiling can also help restore chemical imbalances caused by stress or depression. When we smile, our brain produces the hormone responsible for happy feelings. It also releases pain-reducing chemicals.

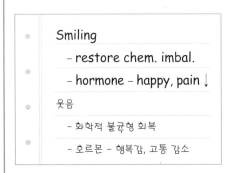

Smiling

   - restore chem. imbal.

   - hormone - happy, pain ↓

웃음

   - 화학적 불균형 회복

   - 호르몬 - 행복감, 고통 감소

Q What are the benefits of smiling?

🎤 Smiling can help restore chemical imbalances, and release hormones that make us happy and reduce pain.

● 강의 내용 정리
   웃음이 미칠 수 있는 효과에 대한 강의 내용으로, 화학적 불균형에 도움이 된다고 설명하고 있다. 이와 관련된 주요 내용을 노트에 정리한다.

● 질문에 답하기
   웃음의 혜택이 무엇인지를 묻는 질문에 들은 내용을 요약한 노트를 참고하여 답한다.

해석
웃음은 또한 스트레스나 우울증이 낳는 화학적 불균형의 회복을 도와줄 수 있습니다. 우리가 웃을 때, 뇌는 행복한 감정을 느끼게 하는 호르몬을 생성합니다. 웃음은 또한 고통을 완화시켜 주는 화학 물질을 분비시킵니다.

Q: 웃음이 주는 혜택은 무엇인가?
A: 웃음은 화학적 불균형의 회복을 도와주고, 행복감을 느끼며 고통을 완화해주는 호르몬을 생성한다.

어휘
restore[ristɔ́:r] 회복시키다   chemical[kémikəl] 화학 (작용)의   release[rilí:s] 방출하다, 내뿜다

Check-up

다음 녹음 내용을 듣고 질문에 답하세요.

1

Q How do some fish benefit from cooperation?

2

Q According to the lecture, what is now believed to be the function of spots on eggshells?

3

Q According to the lecture, what is rhyme?

 *Track 3* 정답 p.419

4 🎧

Q According to the passage, what are decibels?

🎤

5 🎧

Q According to the passage, what are swing voters?

🎤

6 🎧

Q According to the passage, what is anorexia?

🎤

🎧 *Track 3* 정답 p.420

7

Q What is unique about the Mercator projection?

8

Q How large a role does nuclear power play as a source of energy?

9

Q What is one possible use for a pie chart?

🎧 *Track 3* 정답 p.422

실전 익히기

I. 들은 내용 정리하기

6번 문제는 학술적인 토픽에 대한 교수의 강의가 주어진다. 토픽의 하부 개념인 서브토픽 두 개를 찾고, 주요 포인트를 포함한 예를 정리한다.

❶ 듣기 지문의 구성

강의는 도입부와 두 개의 본론 부분으로 구성되어 있다. 도입부에서 토픽이 소개되며, 각각의 본론에서는 서브토픽이 하나씩 자세히 서술된다.

● 도입

일반적으로 강의의 도입부에서는 간략한 배경설명과 함께 강의의 토픽이 명시된다. 종종 토픽에 따른 두 개의 서브토픽이 언급되기도 하며, 이 경우 그 두 가지가 곧이어 차례로 설명될 것임을 예상할 수 있다.

ex) Today we're going to talk about interference theory. It basically states that people have trouble remembering things because memories interfere with each other.

오늘 우리는 간섭 이론에 대해 이야기를 할 것입니다. 간섭이론은 기본적으로 기억들이 서로를 방해하기 때문에 사람들이 기억하는데 어려움을 겪는 것을 말합니다.

There are lots of ways of placing emphasis on the important parts of a message, but today we're going to focus on two of the most common tools: exaggeration and understatement.

메시지의 중요한 부분을 강조하는 데는 많은 방법이 있지만, 오늘 우리는 가장 흔하게 사용되는 두 가지 도구, 즉 과장과 억제에 초점을 맞추겠습니다.

● 본론

강의의 대부분을 차지하는 본론 부분은, 각 서브토픽에 대한 구체적 설명으로 이루어진다. 토픽과 관련하여 서브토픽 1과 서브토픽 2에 대한 주요 포인트와 예를 찾아 정리한다.

ex) In proactive interference, existing memories make it more difficult to develop new ones... Those of you that play an instrument have probably experienced this...

순행간섭이 일어날 때는, 기존의 기억들이 새로운 기억의 형성을 더 어렵게 만듭니다. 여러분 중 악기를 연주하는 분들은 아마 이런 경험을 해봤을 겁니다...

The writers employ a technique called "exaggeration," when extravagant language is used to express how extreme a situation is. For instance, if a woman...

작가는 "과장"이라는 기법을 사용하는데, 이는 상황이 얼마나 극적인지를 표현하기 위해 과도한 언어를 사용하는 것입니다. 예를 들어, 한 여자가...

듣기 지문의 예

All right everyone, today we're going to talk about **interference theory**. Now, uh... it basically states that people have **trouble remembering** things because memories interfere with each other. Let me clarify it a little.

Now, in **proactive interference**, **existing memories** make it more **difficult to develop new ones**... Those of you that play an instrument have probably experienced this; when you're trying to learn a **new song** on your **guitar**... what happens? **Similar melodies** that you'd learned before keep **coming to mind**, so you start playing the new song, but then drift off into an old melody that you know very well already. So, these old memories **keep you from remembering the newer** song that you've just studied.

OK... **Retroactive interference** refers to **new memories interfering with old ones**, and it can be equally disruptive. For example, if I asked you to think of your last **three addresses**, it's unlikely you'd remember them all. What would happen is... well, you would be able to tell me your **current** address **easily**, without any problem, but what about the **older** ones – the two addresses before now? You might be able to come up with the more recent ones, but you'd probably have a really **hard** time recalling the oldest. That's because each time you get a **new** address, you sort of **throw out the previous one**... you just... you think you won't need it again.

도입 토픽 제시
간섭이론: 기억하는데 어려움

본론 1 서브토픽 1
순행간섭: 옛 기억이 새 기억을 방해하는 경우

본론 2 서브토픽 2
역행간섭: 새 기억이 옛 기억을 방해하는 경우

❷ 듣기 노트 정리하기

들은 내용을 정리할 때는 교수가 토픽과 서브토픽을 설명하기 위해 제시하는 키워드를 찾아 이를 간략하게 메모한다.

● 토픽 정리
강의의 토픽을 찾아 맨 위에 적는다. 덧붙이는 내용이 있을 경우는 대쉬(–) 등의 기호를 이용하여 함께 정리한다.

● 서브토픽 정리
토픽에 따른 두 개의 서브토픽을 차례로 적는다. 아래에 칸을 들이고 각각에 해당되는 주요 포인트와 예를 간단히 정리한다.

듣기 노트정리의 예

Interfr. theory 간섭이론	토픽
– X remem. 기억 X	
1. Proact. 순행간섭	
: exist. M → diff. dev. new 현존기억 → 새 기억 발달 어려움	서브토픽 1의 주요 포인트와 예
ex) new song – guitar 예) 새로운 곡 – 기타	
– sim. mel. – come to mind 비슷한 멜로디가 생각남	
– X remem. new 새 곡을 기억 못함	
2. Retroact. 역행간섭	
: new M inter. w/ old 새 기억이 옛 기억 방해	서브토픽 2의 주요 포인트와 예
ex) 3 add. 예) 3개의 주소	
– current: easy, old: hard 현 주소는 쉬우나, 옛 주소는 어려움	
– new → throw out prev. 새 기억 → 이전 기억 폐기	

Tips

도입부에서 들은 내용을 서둘러 받아 적다가는 강의의 토픽을 놓치는 수가 있다. 따라서 먼저 주의 깊게 듣고 전체 강의의 흐름을 파악하는 데 주력한다.

중요 듣기 표현

강의에서 교수가 주로 쓰는 표현들을 익혀두고 청취시 이 부분을 주의해서 들으면, 강의의 큰 흐름 및 중요 내용을 놓치지 않고 따라갈 수 있다.

강의의 토픽을 밝힐 때 쓰는 표현들

1. **Today we'll be discussing** a couple ways to help the environment.
   오늘은 환경을 보호하는 몇 가지 방법에 대해 토의해 보겠습니다.

2. **Last class we talked about** the middle ages. **Now, let's turn to** the Renaissance.
   지난 시간에 중세 시대에 대해 알아 보았습니다. 이제, 르네상스 시대로 넘어가 봅시다.

서브토픽을 소개할 때 쓰는 표현들

3. Certain smells produce a physical response. **Let's start with** pheromones.
   특정 냄새는 신체 반응을 불러 일으킵니다. 그러면 페로몬부터 시작해 봅시다.

4. **Let's move on to** the next relevant topic, the repopulation of endangered wolves.
   다음 관련된 주제인, 멸종 위험에 처한 늑대의 재증식으로 넘어가 봅시다.

예를 들 때 쓰는 표현들

5. **As an example**, a line of organic products might use images of healthy families.
   한 예로서, 유기농 제품들은 건강한 가족의 이미지를 사용할 수도 있습니다.

6. A wolf **is an excellent example of** a keystone predator because it stabilizes its native ecosystem.
   늑대는 자연 생태계를 안정시키기 때문에 종석 포식자의 훌륭한 예입니다.

중요한 내용을 강조할 때 쓰는 표현들

7. **The important thing to remember is that** monetary policy must be used with extreme caution.
   기억해야 할 중요한 점은 통화 정책은 매우 조심스럽게 사용되어야 한다는 것입니다.

8. **The main point is that** some alternative fuels can cause environmental damage.
   중요한 점은 몇몇 대체 연료들이 환경을 파괴할 수 있다는 것입니다.

9. **Keep in mind that** not all animals are polygamous; many mate for life.
   모든 동물이 다혼성이 아니라는 점을 명심하기 바랍니다. 한 짝과 평생을 지내는 동물도 많이 있습니다.

요약이나 결론을 내릴 때 쓰는 표현들

10. **From this, we see that** some animals take over other species' nests.
    여기에서 우리가 알 수 있는 것은 일부 동물들은 다른 종의 보금자리를 빼앗는다는 것입니다.

11. **In conclusion**, weight loss is only possible if more calories are burned than taken in.
    결론적으로, 체중 감소는 섭취되는 칼로리보다 소모되는 칼로리가 더 많을 때만 일어납니다.

다음 질문에 답하기 위한 노트를 완성하세요.

1. 🎧 *Track 4*

Notes ✏️

- 토픽

  Animal comm. – 2 visual cues

- 서브토픽 1

  1. _____

  : color / markings

  – self-defense

  – _____

  ex) M bird's bright feathers

  → _____

- 서브토픽 2

  2. _____

  : behav.: intent.

  – will to fight, weak.

  ex) _____

  – tuck tails, on back

  → submis., X harm

정답 p.423

Chapter 1
Chapter 2
Chapter 3
Chapter 4
Chapter 5
Chapter 6

2. 🎧 *Track 5*

Notes ✎

- 토픽
  _____

- 서브토픽 1
  1. Math
     : _____
     – ↑ #, ↑ intense
     – 3 or ↓ = weak
     – _____
     – obj., acc. ∴ common

- 서브토픽 2
  2. _____
     : surveys → level
     – ↓ rank = X felt
     – _____
     – _____

정답 p.425

3. 🎧 *Track 6*

Notes 🖉

- 토픽

  _____

- 서브토픽 1

  1. _____

     – inform danger

       (TV, mail, billbrd.)

     ex) _____

         → obes./diab.

           side-effects ∴ buy ↓

- 서브토픽 2

  2. _____

     – taxes

     ex) _____

     – _____

       : too exp. → quit

정답 p.426

4. 🎧 *Track 7*

Notes ✏️

II. 들은 내용 요약하여 말하기

들은 내용에 대한 정리가 끝났으면, 이제 질문을 받고 정리한 내용을 바탕으로 전체내용을 요약하여 말하면 된다. [토픽제시-서브토픽 1-서브토픽 2] 순으로, 먼저 토픽이 무엇인지를 밝히고 나서, 서브토픽 1과 2의 중심 내용을 차례로 설명한다.

답안 말하기의 순서

토픽 제시하기
서브토픽 1 요약하기 서브토픽 2 요약하기

1. 토픽 문장 말하기

강의에서 다룬 전체 토픽을 먼저 언급해 주면 자연스럽게 답안 말하기를 시작할 수 있다. 이때 두 가지 서브토픽이 무엇인지를 함께 소개할 수도 있다.

토픽 문장 말하기의 예

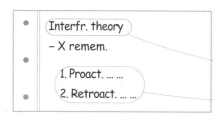

Response 🎙

토픽 문장 말하기

The two [types of interference] **presented by the professor are** [proactive and retroactive.]

토픽 문장 말하기 주요 표현 리스트

> 1. The two ~ presented by the professor are - : 교수가 제시한 두 가지 ~는 -이다
> 2. The professor suggests that ~ : 교수는 ~라고 제시한다
> 3. 주어 are two ways (to) - : ~은 -하는 두 가지 방식이다
> 4. According to the professor : 교수에 따르면

1. 토픽 문장을 말할 때 토픽의 전반적인 의미를 간단히 설명해 줄 수도 있다.

   ex) According to interference theory, we can't remember everything since memories interfere with each other.
   간섭이론에 따르면, 기억들이 서로를 방해하기 때문에 우리는 모든 것을 기억할 수는 없다.

2. 강의의 본론 내용을 중심으로 답안을 구성하고 싶으면, 토픽 말하기를 생략하고 바로 첫 번째 서브토픽 요약으로 넘어갈 수도 있다.

2. 서브토픽 요약하기

강의의 토픽을 밝히며 답안을 시작했으면, 이제 본격적으로 강의의 중심 내용을 요약하여 말한다. 노트를 참고하여 각 서브토픽에 해당되는 주요 포인트와 예를 나의 말로 쉽게 풀어나가며 답한다.

서브토픽 요약하기의 예

Response

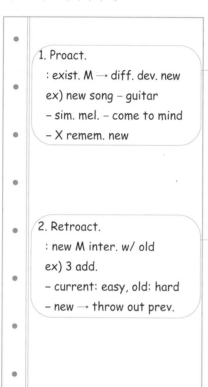

서브토픽 1 말하기

First, the lecture explains [proactive interference, when existing memories make development of new ones difficult. **For example**, when trying to learn a new song on the guitar, similar old melodies come to mind instead, making it difficult to remember new tunes.]

서브토픽 2 말하기

The other case is [retroactive interference, which means new memories interfere with old ones. **The professor uses the example of** our last three addresses. We can remember the current one easily, but will have more trouble with the other two. This is because when we get a new address, we throw out the previous ones.]

서브토픽 요약하기 주요 표현 리스트

1. First [Second], the lecture explains ~ : 첫째로 [둘째로], 강의는 ~을 설명한다
2. The other case is ~ : 다른 경우는 ~이다
3. The first ~ the professor gives is – : 교수가 제시하는 첫 번째 ~는 –이다
4. The professor uses the example of : 교수는 ~의 예를 사용한다
5. 주어 be cited as an example of : ~은 –의 예로 인용된다

Tips

답안 말하기를 할 때는, 두 서브토픽 간의 시간 배합을 적절히 하여 답안이 어느 한가지 내용에만 치우치지 않도록 주의한다.

실제 STEP별 샘플

Question Step 🎧 Track 8

Step 1 강의 듣기

Narrator Now listen to part of a talk in a psychology class.

Professor: All right everyone, today we're going to talk about interference theory. Now, uh... it basically states that people have trouble remembering things because memories interfere with each other. Let me clarify it a little.

Now, in proactive interference, existing memories make it more difficult to develop new ones... Those of you that play an instrument have probably experienced this; when you're trying to learn a new song on your guitar... what happens? Similar melodies that you'd learned before keep coming to mind, so you start playing the new song, but then drift off into an old melody that you know very well already. So, these old memories keep you from remembering the newer song that you've just studied.

OK... Retroactive interference refers to new memories interfering with old ones, and it can be equally disruptive. For example, if I asked you to think of your last three addresses, it's unlikely you'd remember them all. What would happen is... well, you would be able to tell me your current address easily, without any problem, but what about the older ones – the two addresses before now? You might be able to come up with the more recent ones, but you'd probably have a really hard time recalling the oldest. That's because each time you get a new address, you sort of throw out the previous one... you just... you think you won't need it again.

Step 2 질문 듣기

Narrator Using points and examples from the talk, describe two ways that interference theory works.

해석

이제 심리학 수업의 강의 일부를 들어보세요.

자, 여러분, 오늘 우리는 간섭 이론에 대해 이야기를 할 것입니다. 간섭이론은 기본적으로 기억들이 서로를 방해하기 때문에 사람들이 기억하는데 어려움을 겪는 것을 말합니다. 좀 더 명확하게 설명해보죠.

순행간섭이 일어날 때는, 기존의 기억들이 새로운 기억의 형성을 더 어렵게 만듭니다. 여러분 중 악기를 연주하는 분들은 아마 이런 경험을 해봤을 겁니다. 여러분이 기타로 새로운 곡을 배우려고 할 때, 무슨 일이 일어납니까? 이전에 익혔던 비슷한 멜로디가 계속 마음속에 떠오르지요. 그래서 새로운 곡을 연주하기 시작하지만, 이미 잘 알고 있는 예전의 멜로디로 흘러가게 되는 것입니다. 이러한 옛 기억들이 여러분이 방금 학습했던 새로운 곡을 기억하지 못하게 하는 것이죠.

역행간섭이란 새로운 기억들이 옛 기억들을 방해하는 것을 말합니다. 그것도 똑같이 분열을 일으키죠. 예를 들면, 제가 여러분에게 최근의 주소 세 개를 기억해 보라고 하면, 아마 그것들을 다 기억하지는 못할 것입니다. 이때 무슨 일이 일어나느냐... 여러분은 현 주소를 쉽게, 아무 문제 없이 기억할 수 있을 것입니다. 하지만 더 오래된 주소, 이전의 두 개 주소는 어떻습니까? 여러분은 둘 중 좀 더 최근의 것들은 떠올릴 수 있겠지만, 아마 제일 오래된 주소는 떠올리기가 정말 어려울 것입니다. 이는 여러분이 새 주소를 갖게 될 때마다, 예전 주소를 기억에서 지워버리기 때문입니다. 여러분은 단순히 그것이 다시 필요치 않을 거라 생각하는 것이죠.

강의에 나온 요점과 예들을 이용하여, 간섭이론이 작용하는 두 가지 방식을 설명하세요.

Chapter 1
Chapter 2
Chapter 3
Chapter 4
Chapter 5
Chapter 6

Answer Step

Step 1 노트 정리하기

> Interfr. theory
> – X remem.
> 1. Proact.
>   : exist. M → diff. dev. new
>   ex) new song – guitar
>   – sim. mel. – come to mind
>   – X remem. new
> 2. Retroact.
>   : new M inter. w/ old
>   ex) 3 add.
>   – current: easy, old: hard
>   – new → throw out prev.

Step 2 답안 말하기 🎧 *Track 8*

 The two types of interference presented by the professor are proactive and retroactive.

First, the lecture explains proactive interference, when existing memories make development of new ones difficult. For example, when trying to learn a new song on the guitar, similar old melodies come to mind instead, making it difficult to remember new tunes.

The other case is retroactive interference, which means new memories interfere with old ones. The professor uses the example of our last three addresses. We can remember the current one easily, but will have more trouble with the other two. This is because when we get a new address, we throw out the previous ones.

해석

교수가 제시한 두 가지 종류의 간섭은 선행적인 것과 역행적인 것이다.

첫째로, 강의는 순행간섭을 설명하는데, 이는 현존하는 기억이 새 기억의 형성을 어렵게 만드는 경우이다. 예를 들어, 기타로 새로운 곡을 배우려고 할 때, 비슷한 예전 멜로디가 대신 마음 속에 떠올라 새 선율을 기억하기 어렵게 한다.

다른 경우는 역행간섭으로, 새 기억이 옛 기억을 방해하는 것을 의미한다. 교수는 우리의 최근 세 개 주소에 대한 예를 사용한다. 우리는 현 주소를 쉽게 기억할 수 있지만, 나머지 두 개의 주소는 쉽게 기억하지 못한다. 이것은 우리가 새 주소를 갖게 되었을 때, 이전의 것들을 기억에서 지워버리기 때문이다.

다음 질문에 답하기 위한 노트와 답안 말하기를 완성하세요.

1.  *Track 9*

Now get ready to answer the question.

Using points and examples from the talk, describe the two animal defense methods discussed by the professor.

PREPARATION TIME
00: 00: 20

RESPONSE TIME
00: 00: 60

Notes ✏️

듣기 노트

_____

동물의 자기 방어

1. _____
   (color, app.)
   – match surr.
   ex) zebra → B&W
   stripes blend w/ grass,
   lions: color-blind

   1. 위장 (색, 겉모습)
      – 환경에 일치
      예) 얼룩말 → 흑백 줄무늬가
      풀과 섞임, 사자: 색맹

2. _____
   – imitate other species
     (app., sound)
   ex) _____
   _____

   2. 모방
      – 다른 종 흉내 (겉모습, 소리)
      예) 맛 좋은 나비 → 쓴맛 나는
      나비 무늬

Response

토픽 문장 말하기

① _____ presented

by the professor are camouflage and mimicry.

교수가 제시하는 두 가지 동물 방어 방법은 위장과 모방이다.

서브토픽 1 말하기

Camouflage means ② _____

_____. For example, ③ _____

_____ wavy grass. They

become hard for their predators to see. Lions are color-

blind, so it doesn't matter that the stripes and grass are

different colors.

위장은 동물들의 겉모습이나 색이 그들의 환경과 일치하는 것을 의미한다. 예를
들면, 흑백 줄무늬가 있는 얼룩말은 구불구불한 풀과 섞인다. 그것들은 포식자들
에게 잘 보이지 않게 된다. 사자는 색맹이어서, 줄무늬와 풀이 다른 색이라는 것
은 문제가 되지 않는다.

서브토픽 2 말하기

④ _____, which·means fooling

predators by imitating other animals with appearance or

sounds. For example, ⑤ _____

_____ to discourage

predators from eating it.

두 번째 방법은 모방인데, 이는 다른 동물의 겉모습이나 소리를 흉내 내어 포식동
물을 속이는 것을 말한다. 예를 들면, 맛이 좋은 나비는 맛이 쓴 나비의 날개 무늬
를 흉내 내어 포식동물이 자신을 먹는 것을 단념시킬 수도 있다.

🎧 **Track 10** 정답 p.429

Now get ready to answer the question.

Using points and examples from the talk, compare the two boycotts described by the professor.

PREPARATION TIME
00: 00: 20

RESPONSE TIME
00: 00: 60

Notes ✏️

듣기 노트

_____

: X buy/ sell/trade
- to change policy: scope

불매운동: 구매/판매/거래하지 않음
정책 변화를 위해: 규모

1. _____
   - refused take bus
   - lose $
   - _____
   _____

1, 버스 회사, 흑인 뒷좌석
   - 버스 승차 거부
   - 수익 감소
   - 흑인들을 어디에나 앉도록 허용

2. Rel. group → movie studio (offensive)
   - _____
   - X changes
   - _____

2, 종교 단체 → 영화 제작사 (저속함)
   - 크지 않아 수익에 영향을 주지 못함
   - 아무 변화 없음
   - 재정적 동기 없음

Response 🎤

토픽 문장 말하기

The professor ① _____

_____ .

교수는 두 가지 예를 사용하여 불매운동을 설명을 한다.

서브토픽 1 말하기

The first example the professor gives is of a successful boycott. In the American South, ② _____

_____

_____ . So, they refused to take the bus and caused the company to lose a lot of money.

③ _____

_____

교수가 제시하는 첫 번째 예는 성공적인 불매운동에 대한 것이다. 미국 남부에서, 흑인들은 그들을 뒷좌석에 앉도록 강요한 버스 회사에 화가 났다. 그래서, 그들은 버스 승차를 거부했고 회사에 많은 재정적 손실을 안겨주었다. 마침내, 회사는 정책을 바꾸었다.

서브토픽 2 말하기

The other example was a failure. ④ _____

_____

and boycotted their films. However, the group was not big enough to ⑤ _____ .

So, ⑥ _____ , and the studio did not make any changes in its policies.

다른 한가지 예는 실패한 것이다. 한 종교 집단은 영화 제작사가 저속한 영화를 만든다고 생각해서 그들의 영화에 대해 불매운동을 했다. 그러나, 그 단체는 영화사의 수익에 실제로 영향을 미칠 만큼 규모가 크지 않았다. 그래서, 어떠한 재정적 동기도 없어 영화사는 정책에 아무런 변화도 꾀하지 않았다.

🎧 **Track 12** 정답 p.430

3.  *Track 13*

Now get ready to answer the question.

Using points and examples from the lecture, describe the two applications of MRI scans discussed by the professor.

PREPARATION TIME
00: 00: 20

RESPONSE TIME
00: 00: 60

Notes ✏️

듣기 노트

_____

MRI의 용도

1. _____
   - photo. every angle
   - _____
   ex) scan brain → tumor: spread?

1. 의학적
   - 모든 각도에서 촬영
   - 자세하고, 입원이 필요 없음
   예) 뇌 검사 → 종양: 퍼짐?

2. _____
   - _____
     : deposit ↓ ground
   - _____
   - save $

2. 비 의학적: 석유 산업
   - 석유 탐사: 지하 매장물
   - 계획에 도움: 수익성?
   - 돈을 절약해 줌

Response 🎤

토픽 문장 말하기

① _____

_____.

교수에 따르면, MRI 검사는 의학과 비 의학 분야에 모두 사용된다.

서브토픽 1 말하기

In medical applications, ② _____

_____, in extreme detail. Another perk is

that ③ _____

_____. One medical use of MRI

technology is scanning the brain. ④ _____

_____.

의학적인 용도에 있어, MRI는 극도로 자세하게 모든 각도에서 사람의 몸을 촬영하는데 이용된다. 또 다른 혜택은 환자가 진찰을 받기 위해 입원하지 않아도 된다는 것이다. MRI 기술의 한가지 의학적 용도는 뇌를 검사하는 것이다. 그것은 종양을 보여주고 그것들이 번져가고 있는지를 드러낼 수 있다.

서브토픽 2 말하기

⑤ _____

_____. They are used to explore for oil and

give information on underground deposits. They are very

helpful while planning ⑥ _____

_____. ⑦ _____

_____.

MRI 검사의 두 번째 용도는 석유 산업에서의 비 의학적 용도이다. MRI는 석유를 탐사할 때 이용되어 지하의 매장물에 관한 정보를 준다. 현장이 수익성이 있을지를 예측할 수 있으므로, 계획시 매우 유용하다. 이는 석유 회사가 막대한 양의 돈을 절약할 수 있게 해준다.

🎧 *Track 14* 정답 p.432

Now get ready to answer the question.

Using points and examples from the lecture, describe the two aspects of brand marketing discussed by the professor.

PREPARATION TIME
00: 00: 20

RESPONSE TIME
00: 00: 60

Notes ✏

듣기 노트

_____

두 가지 측면 - 브랜드 마케팅

1. _____
   - recall from ads
   - _____
   - sug. pos. quality
   ex) _____
       → health + abund.

1, 이름 짓기
 - 광고로부터 기억
 - 짧고, 외우기 쉽고, 발음하기
   쉬움
 - 긍정적인 품질을 암시함
 예) 모발 보호 제품 "Lush"
     → 건강 +풍부함

2. _____
   - _____
   - feel better
   - _____
   ex) _____
       → wealth + luxury

2, 포장: 프리젠테이션
 - 인상적임 + 매력적임
 - 자부심
 - 배치 + 색상
 예) 향수병
     → 부 + 고급스러움

Response 🎤

토픽 문장 말하기

① _____

_____.

교수가 논의한 브랜드 마케팅의 두 가지 측면은 제품 이름 짓기와 포장이다.

서브토픽 1 말하기

② _____

_____, it sells better. ③ _____

_____, and suggest a

positive quality. ④ _____

_____

because it gives the impression of health and abundance.

무엇보다도, 사람들이 광고로부터 제품의 이름을 떠올릴 수 있을 때 그 제품은 더
잘 팔린다. 제품의 이름은 짧고, 외우기 쉽고, 발음하기 쉬워야 하며, 긍정적인 품
질을 암시해야 한다. 예를 들면, 교수는 "Lush"가 모발 보호 제품에 좋은 이름이
라고 말하는데, 왜냐하면 그것이 건강과 풍부함의 인상을 주기 때문이다.

서브토픽 2 말하기

Similarly, ⑤ _____

_____

_____. ⑥ _____

_____ to make customers feel better about

themselves. ⑦ _____

_____

_____.

비슷하게, 교수는 제품의 외양인 포장이 인상적이고 매력적일 필요가 있다고 제시
한다. 소비자들이 자부심을 느끼도록 하기 위해, 포장은 매력 있는 배치와 색상을
사용해야 한다. 향수병이 예로 언급되었는데, 이는 향수병들이 부와 고급스러움을
나타내기 위한 방법으로 장식되기 때문이다.

🎧 **Track 16** 정답 p.434

Hackers **Test**

다음 질문에 답하기 위한 노트와 답안 말하기를 완성하세요.

1. 🎧 *Track 17*

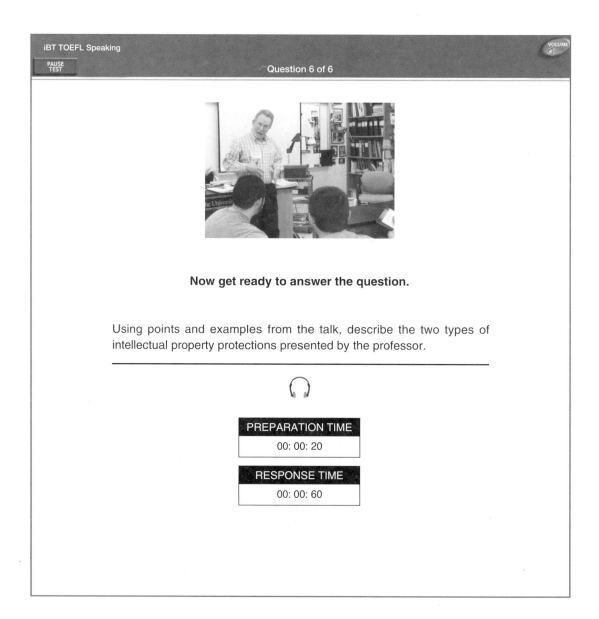

Chapter 1
Chapter 2
Chapter 3
Chapter 4
Chapter 5
Chapter 6

Notes

Response

 **Track 18** 정답 p.436

2. 🎧 *Track 19*

Now get ready to answer the question.

Using points and examples from the talk, describe two animals used by police. Then describe their specific uses, as presented by the professor.

PREPARATION TIME
00: 00: 20

RESPONSE TIME
00: 00: 60

Notes

-
-
-
-
-
-

Chapter 1
Chapter 2
Chapter 3
Chapter 4
Chapter 5
Chapter 6

Response 🎤

🎧 *Track 20* 정답 p.438

3. 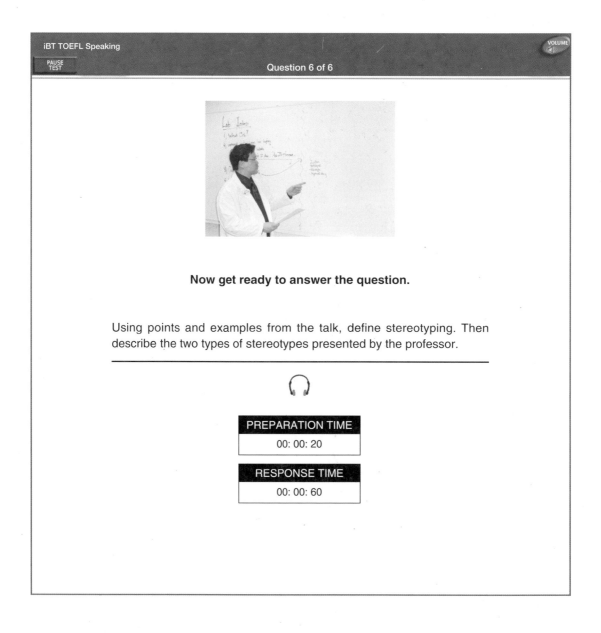 *Track 21*

Now get ready to answer the question.

Using points and examples from the talk, define stereotyping. Then describe the two types of stereotypes presented by the professor.

PREPARATION TIME

00: 00: 20

RESPONSE TIME

00: 00: 60

Chapter 1

Chapter 2

Chapter 3

Chapter 4

Chapter 5

Chapter 6

Notes

Response

Track 22 정답 p.440

www.goHackers.com

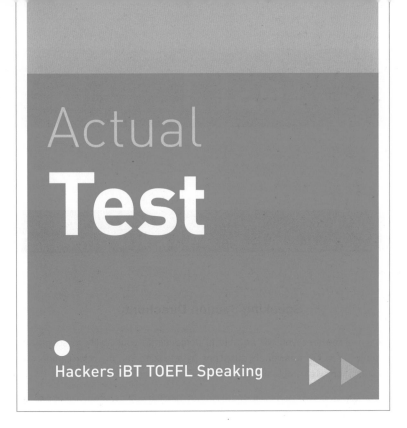

Actual
Test

Hackers iBT TOEFL Speaking ▶▶ ▶

www.goHackers.com

Actual **Test 1**

Speaking Section Directions

In this section of the test, you will be able to demonstrate your ability to speak about a variety of topics. You will answer six questions by speaking into the microphone. Answer each of the questions as completely as possible.

In questions one and two, you will speak about familiar topics. Your response will be scored on your ability to speak clearly and coherently about the topics.

In questions three and four, you will first read a short text. The text will go away and you will then listen to a talk on the same topic. You will then be asked a question about what you have read and heard. You will need to combine appropriate information from the text and the talk to provide a complete answer to the question. Your response will be scored on your ability to speak clearly and coherently and on your ability to accurately convey information about what you read and heard.

In questions five and six, you will listen to part of a conversation or a lecture. You will then be asked a question about what you heard. Your response will be scored on your ability to speak clearly and coherently and on your ability to accurately convey information about what you heard.

You may take notes while you read and while you listen to the conversations and lectures. You may use your notes to help prepare your response.

Listen carefully to the directions for each question. The directions will not be written on the screen.

For each question you will be given a short time to prepare your response. A clock will show how much preparation time is remaining. When the preparation time is up, you will be told to begin your response. A clock will show how much response time is remaining. A message will appear on the screen when the response time has ended.

Number 1 🎧 *Track 1*

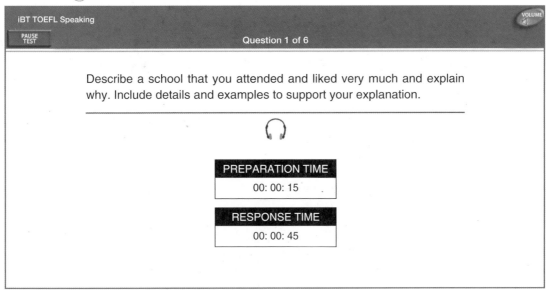

iBT TOEFL Speaking

PAUSE TEST

Describe a school that you attended and liked very much and explain why. Include details and examples to support your explanation.

🎧

PREPARATION TIME
00: 00: 15

RESPONSE TIME
00: 00: 45

Number 2 🎧 *Track 2*

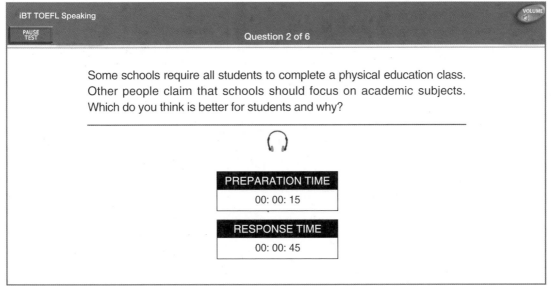

iBT TOEFL Speaking

PAUSE TEST

Some schools require all students to complete a physical education class. Other people claim that schools should focus on academic subjects. Which do you think is better for students and why?

🎧

PREPARATION TIME
00: 00: 15

RESPONSE TIME
00: 00: 45

정답 p.442

Number 3 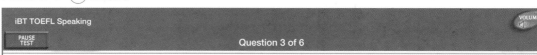 *Track 3*

Reading Time: 45 seconds

Announcement from the University

December 4th, 2004

A new dean for the College of Humanities has been elected. Formerly dean of the School of Nursing and coach of the university's soccer team, Professor Fox will bring invaluable expertise and her organizational skills to the position. Furthermore, she has demonstrated her ability to work well with students in all of her prior posts at the university. She has also shown her dedication to the student body by offering counseling to interested individuals. Professor Fox will assume the post at the beginning of the spring semester.

Now get ready to answer the question.

The woman expresses her opinion of the announcement made by the university. State her opinion and explain the reasons she gives for holding that opinion.

PREPARATION TIME
00: 00: 30

RESPONSE TIME
00: 00: 60

정답 p.443

Reading Time: 45 seconds

Mental Scripts

In any given situation, each person expects different things. Based on these assumptions, they use an appropriate "mental script," a prepared set of actions and responses for interaction between an individual and others in the environment. People develop mental scripts based upon their own knowledge and experiences in various situations. These, in turn, set the standard by which they react. When another person's response does not conform to what was anticipated by the script, it can cause various communication problems.

Now get ready to answer the question.

The professor describes a personal experience. Explain how her experience illustrates the concept of mental scripts.

PREPARATION TIME
00: 00: 30

RESPONSE TIME
00: 00: 60

정답 p.445

Now get ready to answer the question.

The students discuss two possible solutions to the man's problem. Describe the problem. Then state which of the two solutions you prefer and explain why.

PREPARATION TIME
00: 00: 20

RESPONSE TIME
00: 00: 60

정답 p.447

Number 6 🎧 *Track 6*

Now get ready to answer the question.

Using points and examples from the talk, describe the processes of subtractive and additive sculpting.

PREPARATION TIME

00: 00: 20

RESPONSE TIME

00: 00: 60

정답 p.449

Actual **Test 2**

Speaking Section Directions

In this section of the test, you will be able to demonstrate your ability to speak about a variety of topics. You will answer six questions by speaking into the microphone. Answer each of the questions as completely as possible.

In questions one and two, you will speak about familiar topics. Your response will be scored on your ability to speak clearly and coherently about the topics.

In questions three and four, you will first read a short text. The text will go away and you will then listen to a talk on the same topic. You will then be asked a question about what you have read and heard. You will need to combine appropriate information from the text and the talk to provide a complete answer to the question. Your response will be scored on your ability to speak clearly and coherently and on your ability to accurately convey information about what you read and heard.

In questions five and six, you will listen to part of a conversation or a lecture. You will then be asked a question about what you heard. Your response will be scored on your ability to speak clearly and coherently and on your ability to accurately convey information about what you heard.

You may take notes while you read and while you listen to the conversations and lectures. You may use your notes to help prepare your response.

Listen carefully to the directions for each question. The directions will not be written on the screen.

For each question you will be given a short time to prepare your response. A clock will show how much preparation time is remaining. When the preparation time is up, you will be told to begin your response. A clock will show how much response time is remaining. A message will appear on the screen when the response time has ended.

Number 1 ⌂ *Track 1*

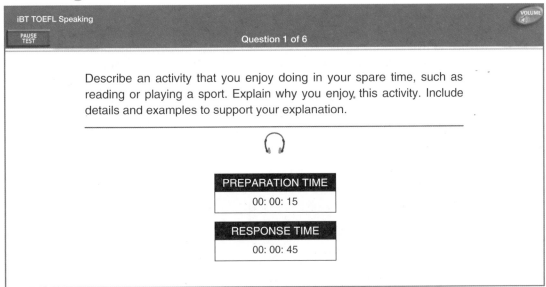

Describe an activity that you enjoy doing in your spare time, such as reading or playing a sport. Explain why you enjoy this activity. Include details and examples to support your explanation.

PREPARATION TIME
00: 00: 15

RESPONSE TIME
00: 00: 45

Number 2 ⌂ *Track 2*

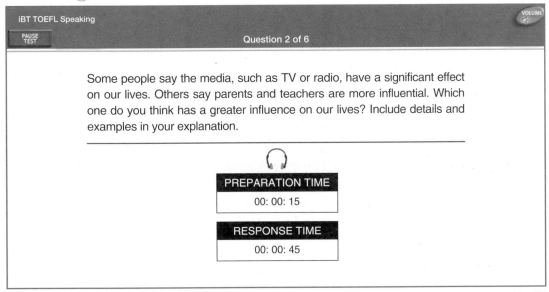

Some people say the media, such as TV or radio, have a significant effect on our lives. Others say parents and teachers are more influential. Which one do you think has a greater influence on our lives? Include details and examples in your explanation.

PREPARATION TIME
00: 00: 15

RESPONSE TIME
00: 00: 45

정답 p.451

Number 3  *Track 3*

Reading Time: 45 seconds

Lights Out!

The university's new campus lighting system is a good idea in theory, but now isn't the best time. Installation costs will be very high, not to mention the money needed to maintain the lights. Still, there isn't enough money for the promised improvements for the library. Another concern is that the area to be lit will pass right in front of Brahe Observatory. The astronomy department's new telescope is very sensitive and any additional light would interfere with the work being done. So, I ask everyone to help me persuade the university to abandon its lighting plan.

Now get ready to answer the question.

The man expresses his opinion of the professor's letter. State his opinion and explain the reasons he gives for holding that opinion.

PREPARATION TIME
00: 00: 30

RESPONSE TIME
00: 00: 60

정답 p.452

Number 4 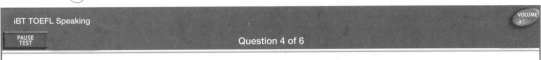 *Track 4*

Reading Time: 45 seconds

Window of Opportunity

Research has proven that, for the majority of species, a critical period exists for growth and development. The brain is most plastic in the early stages of life. Therefore, its experience in that time span has a significant effect on future ability. The stimulation that a certain part of the brain receives within this defined stretch of time, a so-called window of opportunity, determines how that part functions for the rest of the creature's existence.

Now get ready to answer the question.

The professor describes certain effects on kittens and goslings. Explain how these effects are related to a "window of opportunity."

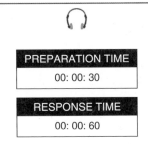

PREPARATION TIME
00: 00: 30

RESPONSE TIME
00: 00: 60

정답 p.454

Number 5 ⌒ *Track 5*

Now get ready to answer the question.

The students discuss two possible solutions to the woman's problem. Describe the problem. Then state which of the two solutions you prefer and explain why.

PREPARATION TIME
00: 00: 20

RESPONSE TIME
00: 00: 60

정답 p.456

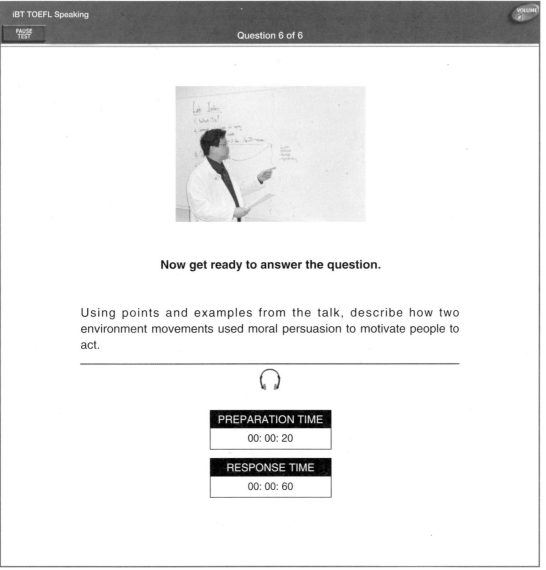

Now get ready to answer the question.

Using points and examples from the talk, describe how two environment movements used moral persuasion to motivate people to act.

PREPARATION TIME
00: 00: 20

RESPONSE TIME
00: 00: 60

정답 p.458